# 回话高手

## 轻松教您回话的艺术

孙靖煜◎编著

北方妇女儿童出版社
·长春·

图书在版编目（CIP）数据

回话高手 / 孙靖煜编著. —— 长春 : 北方妇女儿童
出版社, 2024.3（2024.6重印）

ISBN 978-7-5585-8403-9

Ⅰ.①回… Ⅱ.①孙… Ⅲ.①语言艺术—通俗读物
Ⅳ.①H019-49

中国国家版本馆CIP数据核字 (2024) 第065649号

回话高手

HUIHUA GAOSHOU

| | | |
|---|---|---|
| 出 版 人 | 师晓晖 | |
| 责任编辑 | 袁 铨 郭 菁 | |
| 装帧设计 | 天下书装 | |
| 开 本 | 710mm×1000mm 1/16 | |
| 印 张 | 9 | |
| 字 数 | 138千字 | |
| 版 次 | 2024年4月第1版 | |
| 印 次 | 2024年6月第2次印刷 | |
| 印 刷 | 三河市南阳印刷有限公司 | |
| 出 版 | 北方妇女儿童出版社 | |
| 发 行 | 北方妇女儿童出版社 | |
| 地 址 | 长春市福祉大路5788号 | |
| 电 话 | 总编办：0431-81629600 | |
| 定 价 | 49.80元 | |

在现实生活中，人际社交是每个人都必须进行的一项重要活动。在这个活动中，能否准确地理解他人的言语信息，并且及时给出恰当准确的回应，是考验一个人社交能力的重要标准之一。

在很多人看来，回话似乎是一件简单的事情，毕竟人们都能开口说话。然而，实际情况是否如此呢？回顾我们与他人交往的经历，是否曾经历过一时语塞、不知所措的情况？当别人向我们提出问题时，是否曾陷入困惑不知如何回答的尴尬时刻？这些情况并非个例，而是日常交流中真实存在的挑战。如果我们不能提升交际能力，掌握高效回话的技巧，就可能在人际交往中遇到困难，甚至影响人际关系。因此，及时提升交际技能，学会有效回话至关重要，这不仅可以改善沟通效果，还有助于建立良好的人际关系。

正因如此，我们需要转变过去对回话的看法，不再将其视为微不足道的事情，而是以积极的学习态度来认真对待，将其视为一门值得深入研究的学问，探索其中的诸多奥妙。鉴于此，我们特意编写了《回话高手》这本书。本书以现实生活中的人际交往为背景，以由浅入深、由点及面的方式进行深入剖析，揭示回话的本质，并助力广大读者成为回话的高手。通过阅读本书，读者能够在各自的人际交往中游刃有余，提升交际能力，建立更加良好的人际关系。

本书共分为四篇，分别为"回话是一门学问""高情商，善回话""回话的十大技巧"及"回话的八大禁忌"，每篇内容都严格围绕"回话高手"

这一主题展开，力求为读者呈现一个全面系统的回话知识体系，将其中隐含的回话要点、回话技巧以及回话禁忌一一呈现出来，帮助大家以更加全面立体的视角去重新认识回话，由此来获得回话的真实技能，提升自身的交际能力。

值得一提的是，书中不仅涵盖了专业的回话技能知识，还为每个知识点编写了经典故事，通过"理论+故事"的阅读模式，帮助读者更好地加深对回话技能的领悟和理解。这些故事生动有趣，引人入胜，让读者更容易将其应用于实际场景。此外，书中还配有大量高清生动的插图，图文并茂地展现了回话技能的实践应用，提升了读者在阅读过程中的视觉体验，进一步增加了阅读的乐趣和收获。

**本书作者**

2024.03.01

# CONTENTS 目录

## 第三篇　回话的十大技巧

## 第四篇　回话的八大禁忌

## 第一篇

# 回话是一门学问

从本质上来说，人与人之间的交际就是通过语言不断互动的过程。而回话，恰恰是这个过程中最重要的组成部分。高效、恰当、有的放矢的回话可以让沟通变得更顺畅，无效、混乱、不恰当的回话则会把事情搞得一团糟。回话是一门极深奥的学问，唯有掌握了它，我们才能"言值"爆表，在社交中无往而不利。

# 什么是回话

什么是回话？顾名思义，回话就是对别人的话语做出回答、回应或回复。

回话并不是一个孤立的环节，而是沟通过程中的"你来我往"，只有有说有听、有问有答，沟通才能继续进行下去。

如果把沟通比喻成一场戏，那这场戏一定是对台戏，而不是独角戏。如果两个人在一起聊天儿，一个人一直喋喋不休，另一个人始终沉默不语，过不了多久，肯定会冷场。说的人感觉没意思，听的人也会感觉乏味。

沟通是互动的过程，说话十分重要，回话也很重要。回好话，能够极大地提升沟通的质量和效率。那么，在日常交际中，我们该如何回话呢？具体来说，应该遵循以下几个原则。

## 有话必回

礼尚往来，话有来回。在别人主动和你说话的时候，给予必要的回应，不仅是一种尊重，更是一种礼貌。哪怕只是简单地回一句"你好"，说一声"是"或者"不是"，也要给出回应，不要让别人难堪，给人留下不知礼、高傲、素质低的坏印象。

在一个小镇上，住着一对邻居，李明和王阿姨。李明是个沉默寡言的人，常常对别人的话置之不理。而王阿姨则是个热情开朗的人，总喜欢和人聊天儿。

一天，王阿姨在花园里浇花，看到李明走过来，便热情地上前打招呼："李明啊，早上好！你看起来精神不错！"李明只是点了点头，没有说话，继续往前走。

王阿姨有些尴尬，但还是试图和他交流："李明，你最近工作还顺利吗？"李明依旧只是点了点头，没有回应。

王阿姨心里很不舒服，觉得李明太过冷漠，不尊重她。她心想："就算你不想多说话，至少也应该给个简单的回应吧。"

这件事传开后，大家都觉得李明不知礼、高傲、素质低。李明也意识到了自己的问题，开始尝试改变。他学会了在别人主动和他说话时给予必要的回应，哪怕只是简单地说一声"你好"或者"谢谢"。渐渐地，他的人际关系也变得越来越好。

## 回话前先思考

无论回什么话、回谁的话，在开口之前，我们都要先深思熟虑。在数字化时代，文字和语言成为我们主要的交流媒介。在这种情况下，我们的言语更容易被理解为直接的表达，而无法传达背后的情感和意图。因此，在回话时，必须要慎重地考虑所表达的观点和措辞。这种思考过程不仅可以避免答非所问，还可以确保我们的话语不会伤害他人，或者引起一些不必要的误解。

## 回话要讲究技巧

同样的意思用不同的方式说出来，收到的效果可能截然不同。比如，同样是拒绝，直接说"不行""不可能""想都不要想"，既显得生硬没人情味儿，又容易伤人面子，让人下不来台；而委婉地说一句"很抱歉无法帮助你"或者"我也很想帮忙，但真的是有心无力"，听起来不仅顺耳，还不容易让人反感。

## 回话要用心

回话，说到底只是沟通的手段，通过回话，和别人交换信息、加深感情、达成合作、协商解决问题才是沟通的目的。所以，在回话的时候，一定要认真、诚恳、用心，不要敷衍、搪塞。否则，即便话回得再漂亮、再好听，也无法真正打动别人，甚至会适得其反，无形之中为双方的沟通增加阻力。

有一天，社区计划组织一场慈善义卖活动，希望大家能贡献一些手工艺品。萌萌和晓月都因忙于工作而无法参与。

面对社区工作人员的请求，萌萌直言不讳："不行啊，我最近真的太忙了，没时间做手工艺品。"虽然她说的是事实，但生硬的话语让社区工作人员有些不悦。

而晓月则微笑着回应："真的很抱歉，我也非常想为义卖活动贡献一份力量，但最近工作确实太忙了，实在是有心无力，希望大家能理解。"社区工作人员听了这话，虽然有些失望，但也被晓月的诚意所打动，表示理解。

事后，萌萌意识到自己的回话方式过于生硬，便向晓月请教。晓月分享了自己的经验，并对她说："同样的意思，用不同的方式说出来，效果真的不一样。委婉的表达更容易让人接受。"萌萌听后深有感触，决定以后也要用更温和、更诚恳的方式与人沟通。

总而言之，回话是一门值得所有人终身学习、不断探究的学问。在日常交际中，需要用到这门学问的地方实在是太多了！掌握了它，就等于掌握了一定的沟通主动权，即便平凡如你我，也能变身交际达人，活得光芒四射！

# 回话与情商

> 在很多人的印象中，回话就是简单的回答，别人问什么，我们就答什么，不需要什么技巧。这种想法无疑是错误的。事实上，回话回的不仅仅是话，也是用心、情商，是隐藏在话语背后的人情世故！

回话与情商向来息息相关。

高情商的回话，不仅能展现一个人的人品、学识、修养、智慧与气度，还能为我们赢得好人缘；而低情商的回话，在降低沟通质量、损害个人形象的同时，还会于无形中败坏我们的人缘。

不是每一个高情商的人都擅长回话，但所有擅长回话的人，情商肯定都不低。那么，回话和情商之间，到底有什么关系呢？

## 情商是根本

什么是情商？

情商：即情绪商数，英文写作Emotional Quotient，简称EQ，指人在处理感情、情绪、意志、挫折等方面表现出的相关能力，与智商、财商、逆商并称。

在某个城市里，住着一个名叫小杰的年轻人。小杰从小就展现出了超群的智力，他在学校里成绩优异，经常在各种学术竞赛中获奖。他聪明、敏锐，逻辑思维能力极强，是大家眼中的天才。

然而，小杰的情商与他的智商却形成了鲜明的对比。他不太擅长与人交往，常常因为说话过于直接或者不解风情而得罪他人。他也不太擅长管理自己的情绪，经常因为一些小事而发火或者情绪低落。

有一天，小杰被一家知名的科技公司录用，成为一名高级工程师。他对这份工作充满了热情，但很快就发现，与同事相处并不像他想象的那么简单。他常常因为自己的言语不当而与同事发生冲突，导致团队合作出现问题，甚至还被人在背后嘲笑说是高智商、低情商。

意识到自己的问题后，小杰决定提升自己的情商。他开始学习如何更好地与人交往，如何管理自己的情绪，如何在团队中发挥更大的作用。经过一段时间的努力，小杰的情商逐渐得到了提升，他也慢慢地融入了团队，成为一个受欢迎的人。

众所周知，智商决定人的学习上限，情商则决定人的交际上限。

一个情商高、会回话的人，即便智商不高，同样能够在社会上立足。智商高、专业知识精通，但情商不高、不会回话的人，则难免会被掣肘、遭遇许多原本可能不会遭遇的困境。

所以，我们才说情商是回话的根本。

情商不高，不能将心比心、站在别人的角度思考问题，就回不好话；情商不高，无法与人共情，不能急别人之所急，忧别人之所忧，就不能把话回到点子上；情商不高，做不到灵活机变、随机应答，就回不对话、办不好事，甚至一时失言，就把人得罪了。

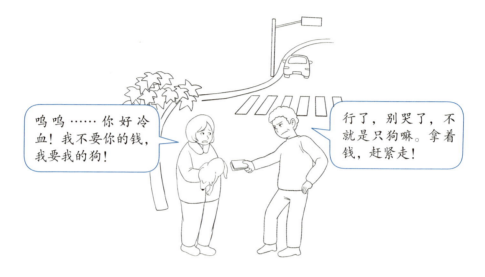

## 回话是手段

古人常说，言由心生。从某种程度上来说，一个人说出的话，就代表着他内心最真实的情绪与想法。

愿意还是不愿意、高兴还是不高兴、能不能承诺、可不可以做成某件事，这些全都需要通过问话与回话来确定。话回不好，不能准确表达自己的想法和情绪，就很可能让人误会、反感；话回错了，词不达意或有歧义，则会让沟通变得事倍功半。

刘骏是一个心地善良，但情商不高的年轻人，与人交往中常常因不会说话而得罪人。

有一次，刘骏的好朋友小李因为家庭变故心情低落。刘骏想要安慰他，却说道："这种事很常见的，不至于伤心成这样。"小李听后觉得刘骏不理解自己的痛苦，对他心生不满。

又有一次，当地组织活动，给希望小学的图书馆集资。刘骏作为筹集资金的负责人之一，向一位富有的商人寻求帮助。他直截了当地说："你必须捐钱，否则图书馆就建不成了。"商人觉得刘骏态度强硬，没有考虑到自己的感受，于是拒绝捐款。

经过几次教训后，刘骏意识到自己的沟通有问题，无法站在别人的角度思考问题，也无法与人共情。他决定努力提高自己的情商，学会更好地与人交往。他开始阅读情商方面的书籍，逐渐学会了如何站在别人的角度思考问题、如何与人共情以及如何灵活应对、随机应变。

渐渐地，刘骏变得越来越善于与人沟通，人际关系也越来越好。

因此，回话不仅能展现情商，也能成为沟通的桥梁。

情商高的人，总能通过各种各样的方法，与人共情，看透别人的喜怒与情绪变化，并在回话时，精准地做出回应，打动对方的心，以诚换诚、以情动情，从而达成有效沟通的目的。

# 回话的类型

日常人际沟通大致可以分为四步：提出话题—传递信息—接收信息—给出反馈。其中，反馈的过程，就是我们常说的回话。

性格不同、想法不同、立场不同，接收到相同或类似的信息后，给出的反馈自然也不同。

我们能通过一个人回话的方式、语气、内容，清晰地把握他内心的真实情感和态度，进而做出合适的回应。也可以通过不同的回话方式来彰显态度、表达善意，让沟通变得更顺畅。

一般说来，回话的方式或者类型总共有四种，分别是：主动回话、被动回话、有效回话和无效回话。

## 主动回话

主动回话，顾名思义，就是在与人沟通互动的时候，主动、积极、热情地做出回应，不需催促，也毫不勉强。

通常来说，人们在碰到自己感兴趣、迫切想要了解的话题时，一般都会主动回应。另外，性格外向、开朗的人，也常常主动回应别人。

小丽是个性格开朗、活泼的女孩儿，她总是热情地与人交往，主动回应他人的话题。无论是邻居间的闲聊，还是工作中的讨论，她总是积极参与，用她的话语给周围的人带来欢乐。

而飞飞则是个内向、沉默的男孩儿。他总是习惯性地倾听他人的话语，却很少主动回应。他害怕自己的言语会伤害到别人，也担心自己的回应不够精彩。因此，他常常沉默，将自己的想法和感受藏在心底。

一天，小区举办一场邻里交流活动。小丽热情洋溢地参与其中，与邻居们分享自己的经历和故事。而飞飞则站在一旁，默默地看着小丽和其他人交流。

注意到飞飞的沉默后，小丽主动走到他身边，鼓励他参与讨论。她告诉飞飞："主动回话并不是什么难事，只要你愿意，你的话语也能给大家带来欢乐。"

在小丽的鼓励下，飞飞鼓起勇气，尝试主动回应他人的话题。渐渐地，他发现与人交流并没有想象的那么可怕，而且他的回应也得到了大家的认可和赞赏。

从此，飞飞变得开朗和自信起来，他学会了主动回话，分享自己的想法和感受，他还因此成为小区最受欢迎的人之一，他的生活因此变得更加丰富多彩。

## 被动回话

从广义上来说，所有不积极、不主动、不热情的回话，都可以称为被动回话。

被动回话的情形有三种：一是不愿意回答却不得不回答，如被逼问、被质问；二是想要回答却不知道该怎么回答，有口难言；三是对话题不感兴趣、不在乎，根本就没听进去，只是象征性地敷衍应付，毫无热情，也缺乏诚意。

亲爱的，告诉你一个好消息，我升职了！

哦。

## 有效回话

何为有效？人感冒了，吃感冒药，病治好了，说明感冒药有效；症状没有得到缓解，感冒长时间不痊愈，说明感冒药无效。

治病是这样，回话也是如此。如果别人从你的回话中接收到了有用的、明确的信息，愿意和你继续沟通下去，那么，你的回话就是有效的。比如，别人想知道"1加1等于几"，你回答说"等于2"，这就属于有效回话。

你订的几点的电影票？是七点的吗？

不是，是七点半的。

## 无效回话

无效回话与有效回话正好相反，指的是不包含别人所需要的、想知道的信息的回话。

举个例子，甲问乙："你是好人吗？"乙回答说："我不知道。"这种模棱两可、含含糊糊的回话，就是无效回话。

绝大多数人在沟通中都不喜欢无效回话，因为会让人感觉自己被敷衍、被轻视，然而无效并不代表无用，有时候，用好无效回话也可以帮我们巧妙地回避问题、化解尴尬。

王亮和赵磊既是同学也是同事。他们经常在一起聊天儿，但赵磊说话总是给人一种模棱两可的感觉。

有一天，王亮问赵磊："你觉得新来的同事怎么样？"赵磊回答说："不知道哇！"王亮感到有些失望，觉得赵磊在敷衍自己。

又有一次，王亮向赵磊借钱，赵磊依然模棱两可地说："我也不知道能不能借给你。"王亮开始怀疑赵磊的真诚和可靠性。

然而，有一天，赵磊用无效回话巧妙地化解了尴尬的局面。当时，一群人在讨论一个敏感的话题，气氛变得紧张起来。突然，有人把目光投向赵磊，问："你觉得呢？"赵磊微微一笑，回答说："不知道哇，你刚才说什么来着，我没听清啊！"这句话让剑拔弩张的气氛瞬间缓和下来，大家都松了一口气。

事后，王亮问赵磊："你为什么总是说'我不知道'？"赵磊解释说："有些时候，我们并不需要给出明确的答案。"王亮听后，对赵磊的智慧和情商刮目相看。

当我们被问到一些涉及隐私、比较敏感的问题，如年龄、恋爱情况、收入、疾病时，就可以用无效回话来打太极。

如此，既回了话，又不让自己为难，还能隐晦地提醒别人，这个话题不该再继续问，可谓一举数得。一般来说，移花接木、答非所问、巧妙曲解、幽默反问都是常用的无效回话法。

# 回话五要素

如果把回话当成解题，那么想要得到高分，甚至收获满分，除了要弄懂题干和题面，掌握一些惯用的、常见的、模板化的、大众的解题思路之外，知道一些解题技巧也非常重要。

语言学家说："回话是情绪与语言的再加工。"一个人，无论是谁，想要回好话，都绕不开回话的五要素。五要素就像人的五脏，至关重要。所有能娴熟运用五要素的人，都能把话回得既利落又漂亮！

那么，回话的五要素具体是什么呢？它们彼此之间又有什么关系呢？下面我们就来简单地了解一下。

## 称呼

称呼，简单点儿说，就是你对别人的称谓，看似不重要，其实极有讲究。日常回话的时候，称呼说对了，事情就成了一半。一般来说，见到年龄大、地位高的长者，可以称呼其职务、头衔,也可以敬称"您";对平辈和关系好的人要用昵称或叫名字,比如"小王""老李",怎么都行;不太熟悉的人,最好不要大大咧咧地直呼姓名。

有一天,严弘被公司指派去拜访一位年长的客户。他一进门就大声喊道:"喂,老头儿,你在家吗?"客户听后眉头紧锁,觉得严弘非常无礼。

又有一次,严弘和几位同事一起吃饭。其中有一位是他的好友,但另一位则不太熟悉。严弘习惯性地直接称呼好友的名字,但对那位不熟悉的同事,他也毫无顾忌地直呼其名,对方十分不悦。

为此,公司领导特意找严弘谈话。严弘意识到自己的问题后,开始认真学习如何正确称呼别人。渐渐地,严弘变得越来越懂得尊重别人,他对别人的称呼也变得更加得体和恰当。他学会了对长者使用敬称,对平辈使用亲切的昵称或名字,对不太熟悉的人则使用礼貌的称谓。

最后,严弘的改变赢得了大家的尊重和喜爱,他也因此获得了更多的友谊和机会。

## 对象

除了称呼,在回话时,还要格外注意对方询问的对象。在公共场合,如会议、活动,在回话前,请务必注意,看对方是不是在询问自己,以免闹出乌龙。

## 需求

这里的需求并不是指沟通的目的、谈话的意图，而是指对方需不需要你回话。在多数情况下，绝大多数人说话的时候是希望得到回应的。但在某些特殊情况下，对方虽然在说、在问，但其实只是在自我发泄，并不需要你回话，这时候，你最好的选择就是安静地做个听众。

## 话题

话题指的就是对方"在说什么"，是在聊亲戚的八卦、说企业的计划、嚼同事的舌根，还是在讨论某件重要的事、某个重要的人？是在聊诗词、股票、金融，还是在询问和征求你对某个方案、某个计划的意见或者对某人、某事的看法？

只有弄清了话题，知道对方在说什么，我们才能有的放矢、有针对性地回话。

社区举办垃圾分类宣传活动，老李和老张都被邀请为志愿者。活动期间，老李热心地帮助居民讲解垃圾分类，得到了大家的一致好评，而老张却出了不少状况。

"这垃圾是可回收的吗？"一居民向老张提问。

老张说："你也来参加活动啦，垃圾分类是好事，哎对了，你孙子最近上学怎么样？"

看到这一幕，老李走到老张身边。

老李说道："老张，人家向你提问，你怎么不回答呀？"

老张回："我不是跟他说话了吗？"

老李解释道："说话不代表回答，你根本没搞清楚刚才的话题，人家问你垃圾分类，你聊人家孙子上学的事情。"

老张挠挠头，模样尴尬，似乎也意识到自己的问题所在。

老李继续说道："不管是跟谁聊天儿，首先你都要搞清楚话题，只有搞清楚话题，才能有针对性地回话，不然很容易跑题。"

听了老李的解释，老张认真地点点头，表示自己明白了。最后在老李和老张的共同努力下，社区居民们成功了解了垃圾分类，老张也改掉了聊天儿搞不清话题的毛病。

## 目的

人和人之间的沟通，80%是带有目的性的，真正漫无目的的闲聊也有，但并不多。因此，在回话之前，我们必须先搞清楚对方谈话或问话的目的，再仔细斟酌后做出回应。毕竟喜欢说话绕弯子、含蓄的人不在少数。

# 回话的前提是倾听

蜚声世界的古希腊哲学家苏格拉底曾经说："上天赐给我们两只耳朵、一张嘴，就是为了让我们多听少说。"倾听，无论在什么时候，都是一种极好的习惯。

倾听是回话的前提。在别人说话的时候，认真倾听，不仅能够及时、准确、清晰地获取重要的信息，让沟通顺利地进行下去，也能让对方感受到自己的诚意、礼貌与尊重。

善于倾听的人，总能收获别人的好感。相反，如果连倾听都做不到，那么，即便你才高八斗、舌灿莲花，也是回不好话的。

为什么人有两只耳朵，却只有一张嘴？

因为倾听比表达更重要。

如果把回话比作一件重要的任务，那么倾听的优先级肯定最高。只有听清、听好、听懂，才能说清、说好、说明白。那么，日常沟通中我们要如何倾听？该注意些什么呢？

## 倾听要专注

倾听别人说话，是彼此了解的重要途径，也是回话、互动的前提条件。

所以，倾听的时候，一定要专注！

　　杨冬和何凯是同事。有一天，杨冬兴奋地找到何凯，想要告诉他自己关于新项目的想法。他滔滔不绝地说着，完全没有注意到何凯脸上的疑惑。

　　何凯耐心地听完杨冬的讲述，然后说："杨冬，你的想法很有创意，但我觉得在实施前还有一些细节需要考虑。"杨冬有些不满地说："你都没认真听我说，怎么知道我的想法没考虑细节呢？"何凯微笑着说："我确实在认真听，但倾听不仅仅是听你说了什么，更是理解你的意图和需求。我发现你在描述项目时，忽略了一些关键的细节，这些可能会影响到项目的实施效果。"

　　杨冬听了何凯的话，这才意识到自己的疏忽。他感激地说："谢谢你，何凯。我明白了，你确实认真听了我说的话，并且真正理解了我的意思，才能给出如此有价值的回应。"

　　从那以后，杨冬也开始学习倾听。杨冬和何凯的友谊也因此更加深厚。

## 要让别人知道你在听

　　倾听是个无形的过程，你到底听没听、听进去多少，除了你自己，谁也不知道！

　　或许，你真的听了，别人却以为你没有，如此，就很可能造成误会。所以，在和人沟通的时候，你不仅要认真地听，还得表现出来，让别人知道你在听。

## 倾听的过程中，要适当地做出回应

每个人都有倾诉欲，但前提是要有人做捧眼，有人当"绿叶"，不能总是自己唱独角戏。

想想吧，如果两个人交流，只有一个人在滔滔不绝地说，另一个闷着头一声不吭，那情景该多尴尬呀！

所以，一个善于回话的人，一个好的倾听者，在倾听的过程中，总会适当地给出一些回应。比如，点点头，表示"您说得对"；恰如其分地问一句"然后呢""接下来怎么样"；竖起大拇指、鼓鼓掌，表示赞赏……这样不仅能让对方感受到你的尊重，还能激发对方继续聊下去的兴致，让沟通的氛围变得更友好、更融洽。

刘铎是一个热爱旅游的人，觉得旅游既能开阔视野，又能增长见闻。然而他的好朋友张霜则对旅游持保留态度，认为旅游不过是花钱找罪受。

有一天，他们偶然在茶馆相遇，讨论起旅游的话题。刘铎兴致勃勃地分享着自己的旅行经历，而张霜则在一旁频频摇头，表示不理解。

刘铎见张霜不认同自己的观点，有些着急，开始反驳张霜的观点。他急切地表达着自己的观点，试图说服张霜。然而，张霜并没有被说服，反而觉得刘铎有些鲁莽和急躁。

这场讨论最终不欢而散，两人都觉得对方无法理解自己。事后，刘铎反思自己的行为，意识到自己在沟通时的确有些冒失和急躁。他明白了，即使自己的观点是正确的，也不能急切地反驳别人，而应该更加耐心地倾听和理解对方的看法。

后来，刘铎主动给张霜道歉，还特意请他吃了顿饭，最终两个人化干戈为玉帛，重新成为好朋友。

## 不要急着发表自己的意见

沟通过程中出现分歧、意见不一致，这是很正常的事情。要注意的是，即便是有异议，也不要急着反驳，尤其是在倾听别人说话的时候。

值得注意的是，急切地、贸然地表达你的看法，并不会让别人高看你一眼，就算最后证明了你是对的，也没人给你奖励。相反，你的鲁莽、急躁、表现欲、胜负欲还会让你在交际场上失分。

# 因人制宜，巧妙回话

世界上没有完全相同的两片叶子，也没有完全相同的两个人。"甲之蜜糖，乙之砒霜"，同样一句话，他爱听，你不一定爱听；同样一番见解，你觉得绝妙非凡，他却嗤之以鼻。所以，要想回话回得好，"看人下菜碟"就显得尤为重要。

什么是看人下菜碟？看人下菜碟就是在回话的时候，根据对方的年龄、地位、性格、学历、背景等，灵活应变，制定不同的回话策略。

粗俗点儿说，就是"见人说人话，见鬼说鬼话"；换个时尚点儿的词，就是私人订制、个性化服务。

日常沟通、回话的时候，如果能给每个回话对象都列张清单，因人制宜，根据他的实际情况来做出回应，肯定无往而不利。具体来说，我们可以按照下面这些方法来做。

## 因性格制宜

给性格急躁的人回话，要尽量迅速，干净利落，别拖延；给性格温和、不紧不慢的人回话，要尽量具体、详细，慢一些也没关系；给性格严谨的人回话，要厘清逻辑、有条不紊、多列举实例和数据；给性格敏感的人回话，要多多斟酌，以免造成误会。

小杨是一家大型企业的公关经理，她以能够巧妙应对各种情况而著称。无论是面对媒体的尖锐提问，还是客户的投诉，她都能游刃有余。

一天，公司举办了一场新产品发布会，邀请了众多媒体和客户来参加。在发布会上，一个记者突然问了两个非常棘手的问题："你们的产品相比竞争对手的都有哪些优势？如果客户已经在使用竞争对手的产品，为什么还要选择你们的？"

这两个问题让在场的所有人都有些紧张，小杨面带微笑，从容不迫地回道："非常感谢您的提问。我们的产品确实与竞争对手的有所不同。但更重要的是，每位客户的需求和期望都是独特的。我们会深入了解每位客户的需求，并根据他们的具体情况提供最合适的解决方案。我们相信，通过与客户深入沟通，我们能够为他们创造更大的价值。"

小杨的回答既巧妙地避开了直接比较产品的敏感话题，又强调了公司与客户之间的合作和沟通，在场的媒体和客户都对她的回答表示赞赏。

## 因年龄制宜

不同年龄段的人认知不同，心智不同，自然也要区别对待。对比自己年龄大的人，要尊敬，回话的时候多一些恭谨之心，不要吊儿郎当。尤其是面对年迈的长者时，一定要稳重，别太轻佻。对比自己年龄小的人，要爱护，回话时尽量温和、平静、友善，多几分宽容和耐心。

## 因职位制宜

给职位比自己高、年龄比自己小的领导回话时，要尊敬而不谄媚，适当地用一些网络流行语、创新词，效果会更好；给职位高、年长的领导回话时，务必要稳重，实事求是、有一说一，严谨有态度；给职位低、年轻的平辈或下属回话时，要郑重、严肃，不时展现一下领导的威严；给职位低却年长的平辈或下属回话时，要亲切平和，以免让对方尴尬。

## 因关系制宜

每个人都有自己的社交圈子，有社交圈子就会有亲疏。在和关系亲密的人沟通互动时，可以随便些、直接些，时不时说些"废话"也没关系，比如，多和你的爱人说"我爱你""我想你"，能有效地维持彼此之间的亲密关系。相应的，和不太熟悉的人或者陌生人沟通时，则要尽量保持礼貌、尊敬，不要僭越，别说废话，切忌交浅言深，乱出主意。

有一天，王宇参加了一个重要的商务晚宴。晚宴上，他遇到了一位德高望重的长者。王宇立刻觉察到长者喜欢古典文化，于是他用恭敬的语气，引经据典地和长者交谈，长者听得津津有味，对王宇赞不绝口。

晚宴结束后，王宇又遇到了一群年轻的创业者。他迅速调整回话的策略，用轻松幽默的语言和他们交流创业心得，大家听得哈哈大笑，气氛相当融洽。

王宇的朋友白烨看到这一幕，好奇地问："小宇，你怎么能和不同的人都聊得这么投机？"王宇笑了笑，说："这就是'看人下菜碟'的妙处哇。不同的人有不同的喜好和背景，我们要根据他们的特点来制定回话策略，这样才能更好地与之沟通和交流。"

白烨听后恍然大悟，对王宇佩服得五体投地。从此，他也开始学习回话的技巧，逐渐在人际交往中取得了更多的成功。

## 因身份制宜

人从出生的那一刻起，就开始扮演各种不同的角色，拥有许许多多的身份，如父母、儿女、领导、下属、法官、医生等。回话时，根据对方的身份，巧妙地做出回应，最易赢得信任。

# 以问代答，好处多多

> 人与人之间的沟通，就像一场你来我往的攻防战。菜鸟们只懂得被动地防御，任凭别人"兵临城下"，问一句答一句，不问就不答；高手们则深谙进攻就是防守的硬道理，以问代答，三言两语就逆转了形势，牢牢握住沟通的主动权。

以问代答，是所有回话高手都应该掌握的超级"神技"。通过以问代答的方式，我们不仅能够有效地规避一些自己不愿回答的问题，还能巧妙地转移话题、缓和情绪、活跃气氛，无形之中把控谈话的节奏，达成沟通的目的。

毫不夸张地说，只要学会了以问代答，沟通就算成功了一大半。那么，在日常交际中，该如何巧妙地以问代答呢？采用以问代答回话时又有什么事项需要注意呢？别急，下面咱们就来说一说。

## 要学会反问

被人故意刁难、苛责的时候，因为一些原因不愿意回答某些问题的时候，对相关的话题了解不多、不知道该如何回答的时候，精神紧张、思绪混乱、大脑暂时性"歇业"的时候，都可以用反问的方式回话，把问题重新"踢"回给对方。

有一天，徐乐在项目上遇到了困难，带着困惑找到同事，他说："小王，我最近在新项目上遇到了一些困难，不知道该怎么办。"

小王并没有直接回答徐乐的问题，而是反过来问他："你能具体描述一下你遇到的困难吗？"

徐乐开始详细描述自己的问题，小王不时地点点头，然后问道："那你觉得造成这些问题的原因是什么呢？"徐乐认真地思考后，给出了自己的答案。小王又接着问："那你有没有想过解决方案呢？"

通过一系列的提问，徐乐逐渐找到了自己的问题所在，并思考出了解决问题的方法。他感激地对小王说："小王，谢谢你的帮助。等这个项目忙完了，我一定请你吃饭。"

小王微笑着点头说："不用请我吃饭，我只是问了你几个问题，答案可都是你自己想出来的。"

经小王这样一提醒，徐乐才意识到，虽然他是来向小王请教问题的，可是刚才的对话，都是小王在向他提问。

最后，徐乐开心地说道："没承想提问比直接回答问题更有价值！"

## 要学会以问应问，顺水推舟

回话的过程中，经常用到提问这一技巧。

巧妙地提出一个新的问题，用它来回答旧的问题，顺便抛砖引玉，用它引出下一个自己感兴趣的、想要谈论的话题。

这种方法所起到的效果极好，但也考验人的情商和语言的表达能力。所以，菜鸟请勿试，容易弄巧成拙。

## 要学会巧设"框架"，圈定答案

以问代答的目的是什么？说到底，还是要掌握沟通的主动权，让对方按照我们的节奏交流。因此，在用问话的方式来回话时，就必须提前设定好范围，甚至圈定答案，以免对方的反应超出我们的预期。要做到这一点，最好的方法就是只给出两个答案，非此即彼、非黑即白，让对方没有更多的选择。

## 要把握提问的时机

以问代答固然是一种极好的回话方式，但它不是万能的。在一些非常重要、庄严的场合或者在某些特殊的情景下，不答反问，很可能被视为挑衅。因此，以问代答也要分时机、分场合，尽量选择在对方心态平和、情绪高涨的时候，选择人不多、不那么正式的私人场合。

蔡宏斌参加了一个重要的商务会议，与会者都是业界的精英。会议中，一位资深专家提出了一个复杂的问题，众人都陷入了沉思。蔡宏斌想要展示自己的才华，便决定以问代答。他猛然起身，向资深专家提问道："你怎么证明你说的就是对的？"

然而，他的这一举动并没有得到预期的效果。相反，在场的人都认为他的问题有些挑衅和不尊重人，气氛顿时变得尴尬起来。坐在身旁的领导一脸恨铁不成钢地看着蔡宏斌，咬牙切齿道："蔡宏斌，你想干什么？快坐下！"

事后，蔡宏斌不仅失去了和这位专家进一步了解的机会，还被领导批评，说他影响了整个公司，让公司在业界内出了丑。

后来，蔡宏斌和同事聊天儿才知道，以问代答虽然巧妙，但并非所有场合都适用。从此以后，他在与人交流时更加注意时机和场合，尽量避免因不当的言行而引发不必要的误会和尴尬。

## 要特别注意，不该问的问题别问

人要有边界感，该问的问，不该问的不要问。否则，非但不能增进彼此的关系，还会让我们显得鲁莽、冒失、不成熟、不懂礼貌。

至于什么不该问，所有涉及他人隐私的问题都不该问，比如，陌生女性的年龄、朋友夫妻间的私密事、同事的工资、别人的身份证号码等。

# 回话时，要注意语气、语调、语速和语序

> 说话是一件很神奇的事情，同样的事情，用不同的语言表达，效果很可能天差地别；同样的话，用不同的语气、不同的声调、不同的顺序说出来，表达的意思也会迥然相异。

精通回话技巧的高手，就像是手握魔法棒的魔法师，总能通过对话语的四维属性——语气、语调、语速和语序的细微调整和巧妙变化，化腐朽为神奇，把话回得既悦耳又怡人，让人在不知不觉间就沉沦在他用语言编织的愉悦氛围中。

哇！我居然能变得如此漂亮。

变变变！

看到这里，你是不是已经急不可耐地想要了解话语的四维属性了？不要急，沉住气，耐心往下看！

### 语气

语气分为很多种，陈述、疑问、震惊、感叹、愤怒、喜悦、迷惑等。

用不同的语气说同一句话，表现出的情绪色彩也会有很大差别。比如同样是说"真的"这两个字，用质问的语气说，表达的是不信任；用陈述的语

气说，表示的是对事实的肯定；用惊叹的语气说，表现的则是惊喜与欢乐。

## 语调

语调，有两层含义，一是指说话的声调，二是指说话的腔调。

说话的声调，主要指音量的高低。回话的时候，声调过高过尖，会显得强势、刻薄、咄咄逼人；声调过低、过沉，则会让人觉得颓废、消沉，没有斗志和精气神；唯有声调适中、不高不低，才会令人听得舒服。

说话的腔调，则指人说话时的抑扬顿挫。回话时，稍微注意一下腔调，用好停顿和转折，就能让表达的意思大变样。比如著名的"下雨天，留客天，留我不留"和"下雨天留客，天留我不留"，同样的十个字，停顿不同，意思就大相径庭。

吴兴的朋友王虎因为学习不努力而被老师批评了。王虎十分懊恼，放学后对吴兴抱怨个不停。吴兴听后，对王虎说："王虎，你学习的时候总昏昏欲睡，这样下去成绩怎么会好呢？"王虎这才意识到自己也有不对的地方，愧疚地低下了头。

过了一段时间，吴兴发现王虎的学习态度有了些改变，为了能让王虎继续坚持下去，吴兴故意走到王虎面前，夸赞他说："王虎，你昏昏欲睡的时候还坚持学习，这种精神真让人敬佩！"王虎听后十分开心，备受鼓舞，更加努力学习。

这一次，不仅吴兴发现了，周围的其他同学及老师也都发现了王虎的变化。大家围着王虎好奇地提问，他不好意思地挠了挠头说："多亏了吴兴的鼓励，要不然我也不会进步。"

大家恍然大悟，同时看向站在王虎身后的吴兴，朝他竖起的大拇指。

## 语速

关于语速，大家都知道，就是说话的速度。

语速的快慢，可以在一定程度上反映人的性格与心情。所以，如果遇到什么急事，或者想要表达自身焦虑、迫切的情绪时，我们可以适当加快语速，但也不能太快。而在不着急的时候、需要组织语言的时候，语速可以适当放慢些，但也不能太慢，太慢了会让人感觉被怠慢，还会让人不耐烦。

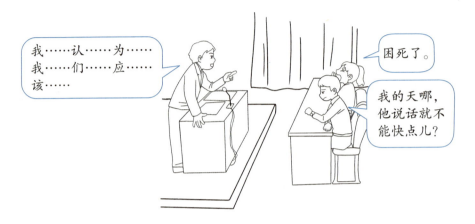

## 语序

语序，就是说话的顺序，同样的字和句子，把语序换一换，表达的重点、突出的情感就截然不同。

一般说来，日常回话的时候，回话高手都会遵循三个原则：一是先说重点、关键点，再补充细节；二是说负面的、重大的、不那么好的消息时，先说结果，再说过程；三是在请求原谅、解释误会时，先娓娓道来原因，再说其他。

# 第二篇

# 高情商，善回话

在人际交往的过程中，学会高情商回话是十分必要的。想提高人际交往的技能以及回话的能力吗？本篇讲到的技巧定能对你有所帮助。不过，需要注意的是，除了这些方法和技巧外，人情练达也非常重要，所以，在日常生活中，我们还要多加练习和实践。

# 以诚待人，回话要恳切，不撒谎

> 古语云："诚无不动者，修身则身正，治事则事理。"真诚，无论什么时候，都是最能打动人心的力量。在日常生活中，待人真诚的人，最能收获别人的好感；在沟通交往时，回话恳切，不撒谎的人也最易赢得他人的尊重与信任。

人与人沟通最主要的目的是什么？是传达信息，表达自身的意愿、想法与情绪。

如果在沟通的过程中虚头巴脑、弄虚作假、不说实话，不仅会为沟通平添许多麻烦和障碍，还会产生连锁反应，让接受了"虚假信息"的人产生一系列的误判，甚至损人害己，把好好的事情搞得一团糟。

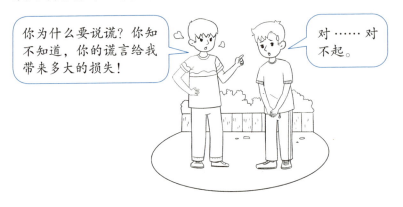

你为什么要说谎？你知不知道，你的谎言给我带来多大的损失！

对……对不起。

因此，情商高、善回话的人都知道，回话的第一原则就是真诚。有一说一，有二说二，千万别撒谎。撒了一个谎就需要无数个谎来圆，终归还是会露馅儿。而且很多时候，实诚点儿，更讨喜。

北宋闻名遐迩的"宰相词人"晏殊就是个极实诚的人，平生从不说假话。

晏殊出身寒微，但聪颖好学，少年多才，年仅14岁就被地方官员举荐，以"神童"的身份参加进士试。

进士试的第二场，考的是诗赋，题目发下来后，晏殊发现自己做过这些题，于是，就上奏说："这些题，我之前做过，请用别的题来考我吧！"

他的诚实打动了当朝皇帝宋真宗。于是，宋真宗授予他秘书省正事的职位，让他留秘阁继续读书深造。

从那之后，近三年的时间里，晏殊就待在京城，一心读书，哪怕是放假的日子，也不出去游玩、宴饮。宋真宗知道后，特意下旨，让晏殊入职东宫辅佐太子，当朝人盛赞他"谨慎持重"，没想到，晏殊恭敬谢恩后，却回答说："臣也喜欢宴饮、游玩，只是家中贫寒，没有钱罢了。"宋真宗闻言，哈哈大笑，从此对诚实的晏殊愈发赏识。

## 谁不喜欢实诚人呢

虚伪的赞美、违心的奉承，或许短时间内能为我们赢得一些"红利"，但要想和人长长久久地相处下去，还是要以真诚来打动人。毕竟，谎言能说一时，不能说一辈子。

晏殊喜欢游玩宴饮吗？当然喜欢。所以，他实话实说。如此，日后他去宴饮游玩了，别人也不会说什么。相反，要是他撒谎没说实话，之后怎么办呢？去不去宴饮游玩？不去，自己憋屈；去了，就是心思深沉、善于伪装、沽名钓誉。所以，人平时还是实诚点儿好。

你怎么回事？怎么不拿梨给咱妈？妈最爱吃梨了。

啊？我刚问了，妈说她不爱吃呀！

当然了，实诚归实诚，却不能傻实诚！

以诚待人，也要讲究策略技巧。不能真的肆无忌惮，不管话语多伤人，都直言不讳。须知，回话有章法，实言要巧说，三大禁忌碰不得！

## 不确定、不知道的事，忌乱说

在日常生活和工作中，总有些人为了图省事、碍于面子帮人遮掩、害怕被追究责任、担心给领导留下坏印象等，信口开河、谎话连篇，明明不了解、不知道却非要乱说、乱回话。这种行为是极不可取的。它不仅会让沟通变得无效、让别人产生误判，还会败坏自己的人品。

言为行之本，每一个人都该为自己说过的话负责！所谓"知之为知之，不知为不知"，坦然承认自己不知道、不懂，没什么可丢人的。一味不懂装懂、胡说乱说才得不偿失，才丢人！

你觉得销售部的小王怎么样？适不适合做组长？

经理，对小王这个人我不太了解，您可以问问老李的意见。

## 与主题无关的话，忌多说

实诚，诚恳，不撒谎，并不代表要"知无不言，言无不尽"。

别人问你"贵姓"，你不仅回答"姓王"，还把自己的年龄、性别、家庭、亲友等信息全都一股脑儿地报了出来。这是实诚吗？不是！是啰唆，是废话连篇，不知所谓，会让双方都尴尬。所以，请你记住，回话的时候，无关主题的话别多说，会招人烦。

## 不好的话，忌直说

什么是不好的话？揭人短处，伤人面子，让人尴尬、难堪、不自在的话，批评、指责甚至贬低别人的话，拒绝的话，都不算好话，哪怕是事实，也不能直说，要委婉地说。

美国历史上最具影响力的总统之一亚伯拉罕·林肯就是位深谙委婉之道的回话高手。林肯在担任美国总统期间，一位关系比较要好的朋友向他推荐W先生担任议员。

林肯做了一番调查后，发现W先生虽然能力不错，但人品实在太差，做事不择手段，就准备拒绝朋友。可是，怎么拒绝呢？直接说实话，不管不顾地告诉朋友，你推荐的人人品太差？这显然不合适。因此，在朋友再次提及这件事时，林肯回答说："W先生的长相不好，我不喜欢。""人的长相不是天生的吗？"朋友听了，愕然不解，"挑剔这些，也太苛刻了！"林肯却摇摇头，说："你错了，人过了四十岁，早该为自己的'长相'负责了。"

听林肯这么说，朋友明白了他的言外之意。从此，再也没有提W先生的事。

林肯的回话，毫无疑问是极高明的，既没有直说伤了朋友面子，也没委曲求全、违心答应不该答应的事情。日常回话时，我们也该向他学习，换个说法，比如把"丑"说成"不那么漂亮"，把"不合适"说成"或许还有更好的"等。

这件红色的怎么样？我穿着好看吗？

好看。但是，我觉得你穿这件粉色的会更好看！

# 投其所好最关键

与人沟通的时候，要把话回好、回对、回得精彩，让人想听、爱听、愿听，最关键的一点就是投其所好。投其所好不仅能迅速找到话题、活跃气氛，还能迅速拉近彼此之间的关系，让沟通变得更愉快、更顺利。

什么是投其所好?

简单来说，投其所好就是回话的时候主动寻找并迎合对方的兴趣爱好。对方喜欢诗词，你就多和他聊聊李白、杜甫、苏东坡；对方喜欢理财，你就多和他聊聊基金、股票、债券；对方喜欢八卦、爱打听，你就多和他聊聊生活中的各种趣事、传闻、"小秘密"。

年年岁岁花相似，你看，这花又开了，就像十年前。

岁岁年年人不同，该放下的还是得放下，向前看。

总而言之，就是一句话，对方爱好什么、擅长什么，你就和对方聊什么，尤其是想要劝说、批评、提意见的时候，更要用对方能够接受、感兴趣的话题来引导，不要反着来或硬来。

战国时期，儒家学派的代表人物，大思想家孟子就是个非常会回话的人。

一次，孟子入宫觐见梁惠王，梁惠王问他："寡人对国家尽心尽力，经常抚恤百姓，为什么国内的人口还是不增加呢？"

为什么呢？因为梁惠王生性奢侈，常征调民夫给自己修宫苑、楼台，还爱打仗，时不时地征税。但这些，孟子不能直说呀，直说就等于当面打梁惠王的脸，而且也达不到劝说的目的。

所以，孟子想了想，才回答说："大王您喜欢战争，那我就用战争作比喻和您说说。假如两军交战，有士兵逃跑，有的跑了一百步停下，有的跑了五十步停下，跑五十步的有资格嘲笑跑一百步的吗？"梁惠王摇着头说："都是逃跑，五十步和一百步没有区别。"

孟子听了，笑了笑，借着话茬儿，开始劝道："就是这个道理。战争是这样，治国也是这样。不恤民利、违背农时……所以……"

此后，孟子又说了很多，总的来说就是虽然梁惠王很用心，但没做到不违农时、顺应自然规律。梁惠王听后，虚心接受了孟子的建议。

所以，回话说难也难，说简单也简单，只要能顺应对方的喜好，用他喜欢、愿听、能接受的方式把要说的话说出来，把自己要表达的意见和情绪表达出来，沟通的效果绝对差不了，有时候，甚至会比我们想象的还要好。

言及此处，大概有人要问了，在日常沟通时，怎样才能够投其所好呢？

## 弄清对方的"所好"

既然是投其所好，肯定要先弄清对方到底喜欢什么、对什么感兴趣、对什么不感兴趣。怎么弄清呢？方法有很多。

如果时间比较充裕的话，可以提前去做调查，正面的、侧面的，从各方面、各种渠道搜集信息。如果时间不宽裕，或者说是初次见面，那么想要知道对方的喜好，最有效的办法就是倾听，通过对方说的话判断他的喜怒好恶。

## 找到合适的切入点

同样的话，不同的时机说，不同的场合说，起到的效果会完全不同。

因此，在弄清了对方的"所好"后，我们还得找个合适、恰当的时机去"投"。

如果在沟通的过程中，对方主动提到了自己喜欢、感兴趣的话题，我们当然可以顺着话茬儿继续聊下去。可是，如果对方没有主动提及，或者正在谈论的话题和对方的喜好并不相关，那么，我们就得找一个合适的切入点，巧妙地把话题引导过去。引导的时候，要尽量自然，不能太刻意、太生硬。

## 投其所好，做好绿叶，顺水推舟，达成目标

成功切入话题后，并不等于成功了、不需要用心了，相反，此时万里长征才迈出了第一步。之后，你还得围绕这个话题和对方不断地交流、互动，融洽关系，烘托氛围，再找机会达成沟通的目的。

《都市快报》的记者雪娇想要做一期女性特刊，前期的采访都很顺利，在采访知名女作家白露时却遇到了困难。白露拒绝了雪娇的采访请求。怎么办呢？

雪娇心里很着急，但没有气馁。她先是花了三天时间认真调查白露的喜好，了解到白露特别喜欢古装剧后，又花了一段时间去看剧并熟悉剧情和人物，之后找机会见到了白露。见面时，雪娇很巧妙地把话题引到了古装剧上，等气氛烘托到一定程度后，雪娇才貌似无意地向白露诉苦，说："我们单位的竞争比较激烈，如果这个特刊做不好，我就得被贬了，好不甘心。"白露一听，立即说道："别急，姐姐挺你，你不会被贬的。"

瞧，成功"攻略"一个人，就是这么简单！投其所好，拉近关系，形成共鸣，甚至共情；再顺水推舟，原本很难办的事，就轻轻松松做到了。

为什么？因为"话逢知己"后，双方感情升温了，关系不一样了呀！同样一件事，陌生人去请求和"熟人""知己"去请求，得到的回应自然不一样。

# 将心比心，回话时要站在对方的角度

> 古语云："譬如交代官相似。前官之待我者既不善；吾毋以前官所以待我者待后官也。俗语所谓将心比心；如此则各得其平矣。"
>
> 在日常生活中，设身处地地为别人着想的人更受人们喜欢，因此，与人沟通时，如能站在对方的角度回答问题，则会让双方交流得更顺畅。

在与人沟通交流时，双方就某件事展开讨论，相互传递信息，表述自己的想法。如果只是一味地输出自己的观点，强制对方接受自己，并且不接对方的话茬儿，更有甚者刻意忽略对方的问题，则很容易引起别人的反感，进而导致沟通中断。

真正的高手在回话之前，通常会先认真倾听对方在说什么，然后站在对方的角度去理解问题，因为只有摸透对方的心理，了解对方的所思所想，才能使回话更加准确，双方的交流才能更顺畅。

成功学大师卡耐基经常教授各大企业的管理层成功学课程，为此，他租用了一个酒店的大堂作为授课教室。租用一段时间后，酒店经理突然要涨三倍租金，否则便收回大堂用于举办舞会和晚会，卡耐基决定跟酒店经理谈判。

卡耐基先是站在对方的角度，肯定了酒店经理涨租金的做法是正确的，因为酒店经理的职责就是为酒店多盈利。随后，卡耐基给酒店经理分析了酒店的经营之道，还说两人合作会让酒店的利润更高：第一，卡耐基的学员有成千上万，他能源源不断地为酒店提供客源；第二，学员们都是学历高的管理人员，每一个都是酒店的活广告，能够为酒店的宣传节省一大笔开支。

酒店经理认为卡耐基是真心实意地为酒店考虑，因此决定与他继续合作，且不涨租金。

在工作和生活中，每个人都有自己的立场，观念和文化背景也都存在着一定的差异，所以在与人沟通交流时，总是会遇到各式各样的难题，听到各种超出预期的话，很多人会自乱阵脚，不知如何处理，也无法给出恰如其分的回复，最终，不但问题得不到解决，自己还很憋闷。

因此，遇事应该先冷静下来，然后转变思维，梳理好关系，组织好语言，回话要多站在对方的立场上，以诚心换诚心，当你表现出对对方的理解后，对方自然愿意与你沟通，你才能如愿地解决问题。

在日常的沟通交流中，不论有多好的脾气，都会有与别人发生冲突的时候，而一旦产生了冲突，沟通势必中断，这就可能会导致急需解决的问题得不到解决，从而耽误事情的进程。

相信你在工作中肯定遇到过这样的情况，不论你提出什么建议，对方非但不理解你，不给予中肯的回复，还句句反驳，然后要求听他的，而你又不同意他的看法，双方常常就一件事争论不休，迟迟得不出结论，工作任务一拖再拖，最终不得不草草收尾。

那么，该如何避免出现这种局面呢？

## 切勿被对方激怒，导致话题跑偏

如果交流中出现不一样的观点，有些人总是沉不住气，回话时抓不住重点，反而愤懑地反驳对方，并企图掌握谈话的节奏，这种行事作风非常让人讨厌。

## 要站在对方的立场上，精准回话

世界上没有两片相同的树叶，当然也不会有完全一致的思想。在人际交往中，如果双方意见相左时，要先认真倾听对方说的话，再充分理解他所表达的观点，然后站在对方的立场上，确定他的想法和需求，积极地接受对方的意见，再进行相应的回话。

这样，不仅可以让对方放下戒备心，避免在沟通的过程中因为一言不合而针锋相对，同时还能赢得对方的尊重，令对方也愿意接受你的意见和观点。

小兰和小丽是一对非常要好的朋友，两人读书的时候常常形影不离。毕业以后，两人都参加了工作，小兰总是出差，两人见面次数不多，便在网上聊天儿或者给对方打电话，来分享自己最近的心情和一些事情。

然而一直都是小兰单方面跟小丽倾诉：交男朋友了，和男朋友分手了，工作上遇到难题了……每次倾吐完毕后，不待小丽分享，小兰便说自己有事要做，结束了电话。

时间久了，小丽感到非常不开心，她跟另外一个朋友抱怨小兰："我觉得小兰只是把我当作垃圾桶，向我倾倒情绪垃圾，她从来不听我说话，我想，她已经不把我当朋友了。"

后来，小兰再来找小丽聊天儿时，小丽不再像从前那样认真听她分享了，也不再句句都给予真诚的反馈，而是应付了事，渐渐地，两个人的友谊走到了尽头。

人际关系讲究有来有往，你说一句，我言一句，才能做到了解对方，增进彼此的感情。如果只顾自己讲话，而不考虑别人，即使是曾经同吃同住的好朋友也难以忍受。

因此，与人聊天儿时，切勿滔滔不绝地自说自话，要将对方也纳入谈话中来，而且要有同理心，能够和对方感同身受。如正在讨论的是开心的事，则给予其称赞；如所聊之事为悲伤痛苦的过往，则适当进行安慰。

将自己置身于对方的处境中，用心体会对方的感受，方能使交流有效开展。

这次没有达到预期的目标，好难过。

我非常能理解你的心情，相信你可以再接再厉。

# 去伪存真，回话前先听话外音

中国有句古话："说话听声，锣鼓听音。"

在工作和生活中，有些人经常说话只说半句，或者点到为止。因此，在与人沟通之时，我们需要整合所听到的信息，去伪存真，听出对方的言外之意，把握对方的真实意图，再有针对性地给予答复，使得交流顺利进行。

有些人脑筋比较直，思维转换过于迟钝，经常听不出别人话里的真正含义，而是对方说什么，他便理解为什么，往往就字面意思回复对方，于是，双方总是误会重重，继而导致沟通无法继续。

在日常人际交往中，怎样听懂别人的话，是一门很深的学问，一个善于倾听的人，通常能看透人心。

房产中介小丁最近接到了一单生意，给广告公司的陈总物色一所打开窗子就能眺望到海湾的房子小丁按照陈总的要求找了很多房源，但陈总都不满意，这让小丁十分苦恼，又找了好几天，仍然未找到称心如意的房子。于是，小丁劝陈总，干脆将正在租的旧房子买下来吧，可陈总找了很多理由推辞，始终不想买。小丁听着陈总的借口，又不断观察他的神色，发现他并没有说实话，于是小丁说道："您在这里创业成功，又将业务扩大数倍，我想这里应该是贵公司的风水宝地，您不妨再考虑考虑。"

沉默片刻后，陈总点头认可了小丁的建议："虽然大家都想搬去新办公地点，但我们诞生于此，应该不忘初心，继续扬帆远航。"

很快，陈总就签署了购房合同，小丁顺利拿下了这个单子。

会说，更要会听，有时候别人只说了一句很简单的话，却因场合和时间不同，被不同的人解读出多种意思，智慧之人能从对方的言语中获取有用的信息，即使对方没有明确说出自己的想法，也能听出对方内心潜藏的真实意图。但是，一定要记住，不要把一件事想得过于复杂，假如想得太多，可能会完全偏离轨道，从而产生误会。因此，要时刻将自己的体会告知对方，获取对方的认可，避免两方的意思相差万里。

## 具体要怎样做，才能听出对方的弦外之音

倾听，并不是简单地听对方讲话，真正的倾听，要掌握"耳听""眼看""心想""脑思"这四点，听对方讲话，观察对方的神色和手势，用心站在对方的角度理解他要表达的意思，再思考和判断对方的真实意图和动机。

## 要投入全部身心去倾听对方讲话

不管自己是否了解所讨论的话题，都要集中注意力听对方说了什么，千万不可因走神而错过信息，否则会导致双方不同频，从而理解有误，造成不好的影响。

## 在听的过程中，不断分析对方的内心想法

认真倾听的同时，还要站在对方的角度理解对方的处境、对方的情绪以及对方所表达的想法，并分析对方的内心所想，是单纯的字面意思呢，还是另有所图呢？

口若悬河、滔滔不绝地讨论。

中午吃什么呢？下午点个奶茶吧。外面好像下雨了。

## 去伪存真，抓住重点

很多人在讲话时都是没有草稿的，而是想到哪里说到哪里，通常会说很多没有实际意义的话，因此，在听人说话时，要将接收到的信息加以鉴别，提取有用的，去掉无效的，抓住谈话的重点。

## 勿要抢夺话语权，勿要不断反驳对方

首先，抢话是非常不礼貌的行为，不但会打扰别人，也会导致自己听得

不顺利，因此，一定要让对方把话讲完，对方说得越全面，我们所获取到的信息就越多，当我们全部整合完毕后，再进行反驳，更加有力。

春秋时期，郑国被秦国和晋国围攻，有人向郑文公举荐养马的官员烛之武去劝说秦穆公，因为这项任务非常难，而且充满了危险，只有烛之武这样智勇双全的人堪当此任。

但郑文公召见烛之武时，烛之武推辞了，认为自己年轻时未能取得成就，现在年纪大了，更不如别人了。郑文公立刻就听出烛之武是在埋怨自己的才华被埋没，因此蹉跎了数十年的光阴。于是，郑文公为没有早点儿重用烛之武而向他道歉，又恳请他能以国事为重，为保郑国的安危而出使秦国。

烛之武放下心中执念，前往秦国面见秦穆公。他站在秦国的角度，为秦穆公分析攻打郑国会使秦郑两国受损，而晋国获益。秦穆公听完他的分析，立刻放弃了攻打郑国的计划，并与郑国结为盟友。晋国听闻，只好撤兵，而郑国则避免了亡国。

假如当时郑文公没有听出烛之武的言外之意，而是认为他不识抬举，从而治罪于他的话，郑国便无人能出使秦国，说服秦穆公退兵，那么郑国必定无法保全，落得一个亡国的下场。

所以，在日常工作和生活中，我们既要会讲话，更要会听话，学会如何听出他人的弦外之音，听出他人的内心所想，并且去伪存真，抓住重点，只有这样才能掌握主动权。在交流中巧妙地回话，不但能保证沟通的顺畅，还能解决各种各样的矛盾。

# 回话勿急躁，打好腹稿很重要

俗话说："心急吃不了热豆腐。"当前，我们生活在快节奏的社会中，每个人都有些急躁的毛病，但越是急躁，越是无法成功。同理，在与人沟通交流时，为了说服对方，说话过于急躁，则容易激起对方的反感，很可能导致话题中断。

急性子的人在做事时，总是希望对方能够马上响应自己，一旦对方没有立刻给予反馈，他就会坐立难安、抓耳挠腮，不断催促对方回复；反过来亦然，对方刚抛过来一个话题，尚未理解透彻，就急于答复，结果是驴唇不对马嘴，难以继续合作。

急躁的心态会让人无法冷静地思考和分析，从而忽略问题的本质，因此，在人际交往中，若想成功说服对方接受自己的观点，切勿心浮气躁，而应耐心地倾听，然后做出恰当的回应。

国内有一家船舶公司要引进国外一家零件制造公司的船舶零件，双方就此开展商谈。零件制造公司非常想做成这笔生意，因此做了十分充足的准备工作，希望通过图纸和零件资料让国内的船舶公司看到他们产品的优势。

但是，由于这家零件制造公司太希望与国内的船舶公司签约了，所以会谈刚刚开始，公司代表就滔滔不绝地开始讲产品，完全不给对方提问的机会，待全部讲完后，又急忙问船舶公司的代表对产品有什么看法。

船舶公司的代表已经感知到对方的急切心理，表示没有听懂产品的优势是什么。对方听后，更加着急，只能按照船舶公司代表的要求，又重新讲了一遍产品。

再次讲完后，船舶公司代表提了几个问题，对方回答得特别快，于是，他给出了一个很低的价格，对方急需这笔订单，只得按此价格签了单。

急躁易被人看出破绽，越急越乱，越乱越容易失去章法，尤其是在谈判的过程中，一旦表现得急于求成，便会被人抓到弱点，当对方发起进攻时，早已乱了阵脚的一方完全无力还击，只得任由别人拿捏。

上述故事中的船舶公司的代表始终冷静耐心地倾听，而且不疾不徐地提问、回话，而零件公司的代表则非常急躁，只一个回合就被船舶公司的代表抓住了七寸，导致后来越发慌乱，虽然双方达成了合作，但价格被压得非常低，已经没有多少利润空间。

耐心是人际交往中最好的武器之一，尤其是回话的过程中，不管对方抛出什么样的难题，都不能生气，也不可急躁，而是耐心地了解对方的意图，再分析应对之策，努力说服对方。

另外，除了耐心以外，在回话之前，还需要在心里打好腹稿，这样可以使你的回答逻辑准确、条理清晰，不但能避免因急躁而说出不恰当的话，还会赢得对方的尊重和认可。

那么怎样才能打好腹稿呢?

## 明确问题

确保完全理解对方的意图和所表达的内容，思考问题的核心是什么，弄清需要你回复什么样的信息或观点。

## 分析问题

根据问题的类型，对问题进行深入剖析，如果对方提出的是论述性问题，我们就找出需要解答的关键点和可能涉及的相关信息。

## 构建回答的结构

设计一个逻辑清晰的结构来组织你的回话。例如，可以按照"引言—主体—结论"的基本模式来构建，或者根据实际情况选择并列、递进、因果等关系布局内容。

引言部分：简述对问题的理解，并预告将要阐述的主要内容。

主体部分：详细展开各个要点，为每个主要论点提供支持的事实、数据、例子等。

结论部分：总结所阐述的观点或解决方案，并强调关键信息。

## 检查与修订

在形成初步腹稿后，快速回顾一遍，确保逻辑正确，没有遗漏重要信息，同时语言表述简洁明了。

小学课堂上，老师向全班同学提出了一个问题："谁能详细描述一下蝴蝶从卵到成虫的完整生命周期？"

同学们面面相觑，有的在快速翻阅课本，有的已经开始低声讨论。

小明听到问题后，也没有立刻举手回答。他默默地在心里构建起了答案的腹稿：首先，蝴蝶生命周期开始于一个小小的卵；接着，卵孵化成幼虫，也就是人们常见的毛毛虫，这个阶段它会不断进食和蜕皮；然后是蛹，毛毛虫会把自己包裹在一个茧里，进行彻底的形态转变；最后，破茧而出的就是成熟的蝴蝶，开始繁殖。

在心中打好腹稿后，小明自信地举起了手。当老师点名让他回答时，他按照之前构思的腹稿回答，结构清晰、准确且有条理地叙述了蝴蝶的生命周期，每个阶段都配有生动的例子，得到了老师和同学们的一致赞赏。

在回答问题前先打腹稿，有着诸多好处：第一，能帮助我们更好地组织语言和信息，确保回答时逻辑正确、条理清晰，避免思维混乱或跑题；第二，能精准地表达我们的观点，减少冗余和无效表述，使观点更加鲜明有力；第三，能够帮助我们全面思考问题的相关性，降低忘记重要信息或忽视关键点的可能性；第四，即使问题比较复杂或者有意料之外的问题，有了腹稿的基础，也能迅速调整策略，灵活地组织新的论述结构；第五，能够有效地缓解紧张情绪，更好地展现自我。

首先，做自我介绍；其次，问询客户需求；最后，介绍产品性能。

# 渐进式回话，让沟通更顺畅

渐进式回话是一种在对话交流中逐步深化、有序展开的沟通方式，其核心理念在于通过有层次、有步骤地提出问题或发表观点，循序渐进地引导对话走向深入，通过这种形式，慢慢地向对方靠拢，并获取对方的信任，然后让双方达成共识。

很多人在沟通交流的过程中，讲话没有重点，思维逻辑也非常混乱，要表述的内容缺乏逻辑性、条理性和连贯性，而在回答对方的问题时，也总是出现内容跳跃，从一个主题跳到另一个主题的情况，导致对方无法准确地获取回答者的观点。

我昨天看了一场特别好看的悬疑电影，剧情紧凑，悬疑感非常强。

说起电影，我和朋友去看电影的路上看到了一只边牧。

渐进式回话是以逐步展开、逐渐深入的方式来回应问题的策略，通过对问题的细致剖析和有层次的表述，帮助提问者更好地理解和接纳答案，同时也能体现回答者的思维深度和沟通技巧。

孔子门下有一名弟子，名叫子路。一日，他对《诗经》中的"风""雅""颂"三部分的含义产生了疑惑，于是向孔子请教。

子路问："先生，我常听您提及《诗经》中的'风''雅''颂'，可我不甚明了其意，请您赐教。"

孔子深知子路性格急躁，便采用了渐进式的回答方式引导他理解。

孔子说："子路哇，你可知'风'为何？"

子路略加思索后答道："风者，民间之歌谣也，记录各地的风俗民情。"

孔子点头赞许道："善哉！那么，'雅'又代表什么呢？"

子路回忆所学，答道："雅乃宫廷乐章，有大雅、小雅之分，体现的是贵族礼制和情感表达。"

孔子继续点拨："很好，而最后的'颂'，则是祭祀祖先与天地神祇时所唱的赞歌，彰显的是敬天法祖的精神内涵。"

渐进式回话并非一次性给出所有信息或直接表明目的，而是通过互动和引导的方式逐步呈现，在实际应用中，渐进式回话是一种主动且具有策略性的沟通技巧。

运用渐进式回话时，对话者通过精心设计的问题序列、适时的反馈与确认以及对对方情绪及反应的敏锐捕捉，能够巧妙地引领话题的方向，使对方在无压力、自然流畅的对话中逐渐关注到回话者所期望讨论的议题，这种方式不仅有助于建立互相信任的关系，还能够在不知不觉中达成回话者的交流目的。

渐进式回话的关键在于细心观察、耐心倾听、巧妙引导以及对对话氛围和节奏的良好把控。

那么，应该如何做呢？

## 倾听与理解

全身心地倾听对方的言论，并通过反馈或重复来确认你已准确理解了对方的观点或情感。

## 逐层提问

从开放性问题开始，逐渐过渡到更具体的问题，引导对方详细阐述观点和感受。例如，可以从"能谈谈你对这件事的看法吗"开始，然后细化到"你觉得这个问题的核心在哪里"。

## 分阶段推进

根据对话内容，将复杂的话题拆分成几个部分进行讨论，每完成一个部分自然过渡到下一个部分。

## 适时反馈

在对方讲述的过程中，适时给予简短的回应或总结，既可展现你在关注和思考，又能帮助对方厘清思路，为下一步深入探讨做准备。

### 建立连接与共识

在每一层次的对话中寻找共同点，逐步构建双方的互信与共识，为后续更深层次的交流打下基础。

### 注意节奏

注意对话的节奏，给对方足够的时间去思考和表达，不要急于求成，要让整个对话过程自然流畅。

### 适时调整

注意观察对方的情绪反应和舒适度，适时调整自己的回话策略、内容深度以及提问的速度，确保对话节奏既能满足获取信息的需求，又不给对方带来压力，使得对方愿意继续分享交流。

渐进式回话旨在通过一种结构化且富有弹性的方法，鼓励双方在平等、尊重的前提下，共同探讨问题的核心，增进理解和达成共识。

# 直截了当，给出答案

当今社会是一个信息爆炸的时代，人们追求快速获取有效信息，直截了当地回答问题可以节省双方的时间，提高沟通效率。同时，避免冗余和复杂的表述，直接表达观点或提供信息，能确保对方准确无误地理解你的意图，减少误解的可能性。

当一个人能够迅速、明确地回应问题时，会让对方感受到你的专业度与可靠性，从而增加对你的信任，尤其是在商业谈判、紧急情况或者需要快速决策的时候，直截了当地回答尤为关键，它能够帮助人们迅速地做出判断和决策。

在日常的人际交往中，拐弯抹角的回答容易造成信息传递错误，而且还会浪费双方的时间，降低沟通的效率，因此，在适宜的情况下直截了当地给出答案，对于有效沟通和达成目标具有重要意义。

清朝时期，才子纪晓岚因其机智而深受乾隆皇帝的喜爱。一次，乾隆皇帝为了考验纪晓岚的应变能力，故意提出一个难题："纪爱卿，何为忠臣？"

　　纪晓岚不假思索地回答道："皇上，忠臣即是对君忠贞不二、直言敢谏，无论在顺境还是逆境都始终坚守职责，一心一意为朝廷、百姓谋福祉之人。"

　　乾隆听后十分满意，接着又问："那什么是佞臣呢？"

　　纪晓岚直截了当地回应："佞臣就是阿谀奉承、阳奉阴违，只图个人私利、不顾国家和百姓利益的人。"

　　通过这两个直截了当的回答，纪晓岚不仅巧妙地阐述了忠臣与佞臣的区别，也展现了其面对问题时敢于直言、思维敏捷的一面，赢得了乾隆皇帝的赞赏。后来，纪晓岚一直受皇帝重用，官至礼部尚书、协办大学士。

　　无论是在工作中还是生活中，直截了当地沟通能大大节省双方的时间，降低沟通成本，并且真诚和透明的态度会赢得对方的好感，双方便能愉快地维持长期的合作。

　　直截了当地回话固然会令沟通非常高效，但也要讲究回话的技巧，如果回话时逻辑不清、条理不明，则非常容易让人产生误解或困惑，尤其是在商业谈判中，若不直截了当地给出答案，而是拐弯抹角地东回一句，西说一句，可能会加剧双方的矛盾。

　　因此，若想确保沟通顺畅，避免出现各类问题，在适宜的情况下最好采取直截了当的方式回复对方，具体的做法可参考以下几点。

## 抓取核心要点

快速提炼出回话的核心信息，避免无关细节和冗余内容，然后使用简单、清晰的语言直接回答问题。

## 直接表述答案

直接进入主题，迅速给出结论或答案，然后适当补充细节。开门见山地给出答案，不绕弯子。

## 逻辑清晰

即使答案简短，也要保持逻辑性，让人一听就能明白你的立场。

## 提供证据或理由（视情况）

如果可能，用具体的数据、案例或者事实来支撑你的回答，这样既显得直截了当，也更具说服力。

## 适时确认

在给出直截了当的答案后，可以通过询问或确认的方式检验对方是否已经准确理解了你的意图。

战国时期，韩国公子韩非子被邀请至楚国进行交流。楚王提出一个复杂的问题："如何能在不增加赋税、不加重百姓负担的情况下，增强国家实力？"

韩非子没有犹豫，直截了当地回答："大王，欲强其国而不加赋于民，唯有'法治'二字。以严明的法律约束官员的行为，杜绝贪腐浪费；推行公正的法治，保护民众权益，激发他们的生产积极性。同时，通过改革冗余机构，减少不必要的开支，将资金用在刀刃上，如此，国家的实力自会增强。"

楚王听后深感其言之有理，对韩非子直接且深刻的回答给予了高度赞赏。

这个故事中，韩非子面对复杂的问题，没有绕弯子或赘述，而是直指问题的核心——法治，并给出了具体的实施策略。

与人沟通有很多技巧，直截了当的沟通方式是多种技巧中的一种。若想成为一个沟通高手，则需要通过实践和反思，不断锻炼自己的沟通技巧，可以尝试在不同场景下直截了当地回答问题。

# 回话时，尊重是底线

尊重他人自古以来都是一种美德，也是基本的社会交往准则，更是人与人之间建立良好关系和情谊的基础。尊重他人体现的是对他人的尊严、权利和价值的认同与维护，我们给予别人尊重，别人也同样会给予我们尊重。

在与人沟通交流时，很可能会遇到这样的情况：一句话还未说完，就被人打断了，然后对方又非常不礼貌地插入自己的观点，或者转移话题，不断地询问你的隐私；又或者是当你抛出问题后，对方根本不作答，而是轻视你、蔑视你，并且嘲笑和讽刺你的观点，让你感到十分不适。

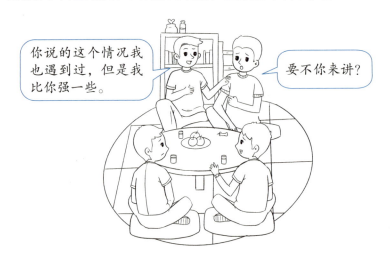

回话时不尊重他人，会降低团队凝聚力，影响整体效率，甚至引发内部冲突。一个人如果长期处于不被尊重的环境中，可能会出现自尊心受挫、情绪低落的情况。

小明在数学课上向老师提出了一个看似简单的问题："老师，为什么1加1一定要等于2呢？"

面对这个问题，有些老师可能会觉得小明在故意捣乱，但这位数学老师并没有急于批评或否定他。她先赞扬了小明敢于提问的精神，然后耐心地解释道："小明，你提出的问题很有意思，在我们现在所学的知识体系中，1加1等于2是基于数学公理和逻辑推理得出的结论，不过呢，在不同的领域中，这个问题可能有不同的解读。"

接着，老师详细介绍了数学基础理论，虽然这样的理论完全超出了小学生的理解范畴，但她仍然耐心地解释着，并且鼓励小明在未来的学习中继续探索更多的可能性。

在回答别人问题时，无论问题的大小、难易，也无论对方的学识和年纪是在我们之上还是在我们之下，我们都不可瞧不起对方，应以尊重为底线，真诚对待每个提问者，尽自己所能给予对方最清晰的回答，这不仅能帮助他们解决问题，更能激发他们的学习热情和自信心。

在日常的工作和生活中，我们每时每刻都在与人交流，不断向别人请教，同时也在解决别人的问题。因为成长环境不同，所受到的教育有差异，经常会遇到双方就某个问题争论不休、各执一词的情况，既不认同对方，又不断出言不逊，最终很可能会导致任务延期，合作失败。

在交流的过程中，我们要端正心态，当他人提出不同意见时，要适时地对他人的行为或观点给予反馈，并且注重客观事实，避免主观臆断、过分批评或贬低，力求给予对方符合实际的建设性意见，这样既体现了对他人的尊重，也有利于双方进一步深入探讨问题。

我们要时刻谨记，回话时尊重他人是人际交往的底线。在任何交流和沟通中，我们都应秉持"以礼待人"的原则，充分尊重对方的观点、感受、人格以及权益。

第三篇

回话的十大技巧

俗话说："工欲善其事，必先利其器。"在日常生活和工作中，要想回好话，掌握一些回话的技巧、窍门非常重要。

被刁难了，要如何移花接木？遇到困难了，该怎么顺水推舟？想拒绝了，如何不伤人面子？被忽视了，怎么出奇出新引人注意？场面尴尬了，如何用玩笑调节气氛？本篇都会一一介绍。

# 共情共语巧回应

> 　　如果沟通是一款游戏，那共情一定是游戏中最炫酷、最实用、威力最大的神技！只要掌握了它，无论是脾气古怪、高冷傲慢的大BOSS，还是心思复杂、内心敏感的小怪兽，我们都能一一攻克，无往而不利！

什么是共情？

共情，又名共情力，指的其实就是人与人情绪、情感、思维上的一种共鸣、共振与同步。

共情力强的人总能设身处地地为他人着想，对他人的喜怒哀乐、惊恐悲哀感同身受，理解他人的处境，因此，他们在沟通、回话的时候，常常能把话说到人的"心坎"上，既解意又动人。

那么，问题来了，日常沟通、交际、回话的时候，我们该如何做到共情呢？很简单，可以分三步。

## 代入，拉近距离

代入，简单说，就是在沟通的时候，根据回话对象的身份、情绪、经历来巧妙地代入同类角色。

如果沟通对象是"宝妈"，我们就把自己代入"宝妈"这一角色，尽量用"宝妈"的思维、语言、习惯去和对方沟通，自然事半功倍。

因为遭遇重大的家庭变故，形形精神恍惚，常常思维错乱，误把自己当成一棵树，不吃不喝、不笑不闹不说话，就静静地站在墙角，一站就是一整天，而且拒绝与任何人沟通。

爸爸为此愁白了头发，没办法，只好抱着试试看的心态请来了一位心理医生。

心理医生见到形形后，什么都没说，走到墙角，和形形一样一动不动地站着。

就这样，过了大概半个小时，形形出人意料地先开口了，她问医生："你是谁？"

医生回答："我是一棵大树。"

"真的？我也是一棵树。"听医生这么说，形形兴奋了，立即和医生聊起来。

医生从"大树"的角度出发，不断对形形进行引导，告诉她"树需要晒太阳""树要多吃饭，增强营养才能长大"。最后，这位心理医生成功地治好了形形的病。

所以，你看，沟通其实并不难。大多数时候，沟通不畅、回不对话，是因为我们找错了角度。学着去代入，让自己和对方成为"同类"，你会发现，一切都变得很简单。

## 调整频率，形成共鸣

要想达到理想的沟通效果，回对话、

回好话，还要耍些"小心机"，主动调整自己的语气、语调、说话频率、表达方式，做到和对方"同频同调"，以此达成"共振共鸣"。

比如，对方说话慢条斯理，你回话时语速就不要太快；对方兴致勃勃地谈论自己的家庭、炫耀自己的儿女，你就别扫兴地去说什么公司、职场、策划案，尽量顺着他的话，谈谈家庭、聊聊育儿经，更恰当。

当然了，主动调整沟通频率，形成共鸣，并不代表着要一味地附和对方，做对方的应声虫，相反，我们要有自己的主见和想法。事实上，在保证话题"同频"、不引人抵触的同时，适当地发表些不同但独到的见解，时不时地彼此争论一下，才能形成对等的、愉快的互动。

## 悲欢同步，共情共语

话题同频，形成共鸣后，距离共情也就不远了。

虽然说人和人的悲欢不相通，但是，通过一定程度的换位、将心比心的代入、感同身受的理解，还是能做到共情的。

共情之后，彼此悲欢同步，喜怒同调，说话也好，回话也罢，自然更讨喜。

李凝是一家旅游杂志的编辑，最近在做一个"丝路旅行"专栏，每天都忙得焦头烂额。

周二午休的时候，几个同事在一起聊天儿，李凝忍不住和同事吐槽：“天哪，我要疯了，写了一上午，只写了半篇稿子，烦死了！”

同事王瑶听了，皱皱眉，一本正经地提醒说：“李姐，主编给的时间是一个月，你这半天都写不完一篇，效率不行啊，得抓紧！”闻言，李凝脸色一沉，没接话。

这时，同事齐菲过来，一把搂住李凝的胳膊，一脸无奈地说：“我也烦死了，今天没什么思路，脑袋一片空白，一上午一个字也没动，头发都快愁白了。李姐，我看你脸色不太好，我最近脸色也不好，都是烦的。要不咱俩下班之后一起去放松放松。”

“好哇。”李凝立即点头，之后，两人便亲密地聊了起来。


瞧，懂共情和不懂共情回的话、回话的效果简直天差地别。

懂共情的人知你的悲欢，识你的喜怒，理解你内心的苦痛与无奈，回话能回到你心窝里，谁能不喜欢？

# 根据对方的知识层次回话

回话是一门庞杂的学问，分支极多，技巧不尽相同，但最基础、最根本的原则只有一个，那就是让人听明白。因此，在回话时，不卖弄、不显摆、不故作高深，尊重对方，能根据对方的知识层次做出相应的回答就显得尤其重要。

回话的时候不考虑，甚至忽略对方的知识层次、理解能力、思辨能力、接受能力，自顾自地做出回应，就仿佛是对牛弹琴。于牛而言，琴声就是噪声，听不懂，超级聒噪；于人而言，满腔热情、费心弹奏却得不到欣赏与认同，也是烦心。

对牛弹琴，说到底，被迫听琴的牛其实是受害者！

弹琴如此，回话也如此。沟通不顺畅，一定是别人不体谅、不大度、不善良吗？那可不一定！相反，很可能是你自己说话不讲究、回话太离谱，让人听不明白！就像下面这则故事中买柴的秀才。

隆冬腊月，大雪飘飞，秀才被冻得瑟瑟发抖，准备买些柴火回家生火取暖。

刚到街上，秀才就碰到了一个卖柴的小哥儿。

"这位老爷，您买柴吗？我的柴都是新劈的，又干又好烧。"见到秀才，小哥儿连忙凑过来，热情地推销说。

秀才听了，微微点头，然后询问："价几何？"

"几何？什么几何？"小哥儿没听懂，但"价"这个字他明白，所以回答说："三十文一担。"

秀才觉得价格太贵了，于是，指着小哥儿背的柴说："尔之柴，外干而内湿，烟盛但火稀，质不佳，请损之。"秀才的意思大致就是说，你这柴火外面看着干，里面是湿的，烧起来烟多火小，热量不足，得降价出售。可卖柴的小哥儿听不懂，只听到"不佳""损"，以为秀才不想要，还骂人，便气呼呼地转头走了。

子曰："中人以上，可以语上也；中人以下，不可以语上也。"回话不仅要看对象，分资质，还要分层次。

很多时候，我们以为的"常识"，并不一定就是常识；我们以为"所有人都知道"，可能真的就是"我们以为"。

秀才有错吗？当然有错！他最大的错就是忽略了卖柴者的知识层次，鸡同鸭讲，互不理解。

如果秀才能够把话说得通俗些、简单些，事情肯定会是另一个样子。

一般来说，在日常生活和交际中，要做到根据对方的知识层次回话，需要注意以下三点。

## 不卖弄

喜欢彰显自己的长处、自矜自夸，是人的天性。这种天性表现在回话上，就是爱卖弄。

沟通的时候，一旦聊到自己擅长的话题，有那么一部分人就会情不自禁地"显摆"，言无不尽、不厌其烦、滔滔不绝。

在你看来，这是在给别人"科普"、分享自己的"知识和经验"，在别人看来，你就是在卖弄、显摆。所以，无论什么时候，无论对谁，都要有一说一，适可而止，不要卖弄。

> 说完复利，咱们再说说炒股的八大原则，兄弟，我和你说，炒股……

> 我只是问了你炒不炒股，咋就扯出这么多？好烦！

## 不故作高深

什么叫故作高深？就是故意说些晦涩难懂、好像很高大上、很神秘、很深奥的话，让人听不懂、猜不透。

在日常生活中，喜欢故作高深的人其实有很多，有的是性格使然，有的是形势使然，有的就是纯粹没事找不自在，自己给自己增加沟通的难度。

你觉得把话说得抽象点儿、高深点儿，别人就会敬佩你、崇拜你？恰恰相反！别人只会觉得你"装""莫名其妙""不接地气"，或者干脆觉得和你不是一路人，直接拒绝与你再进行沟通。

## 因人制宜，随时调整

俗话说"人一上百，形形色色"，要"攻克"不同的人，自然得采取不同的策略。要给不同的人回话，哪怕是同样的问题、同样的话，也得根据对方的知识层次，用不同的方式来展现和回应。

李欣在一家公司上班，不管是领导还是同事都十分认可她，原因就在于她懂得因人制宜，随时调整自己的回话技巧。比如在被问及某个项目的时候，她会对领导说："领导，我认为这个项目计划整体上很有前景，也符合我们公司的战略方向。不过，在细节执行方面，我觉得可能还需要进一步考虑资源分配和风险评估。我会尽快整理出具体的建议，供您参考。"而在面对同事时，她又会说："大家看看这个项目计划，我觉得整体思路挺清晰的，但有些地方可能还需要我们进一步讨论和细化。比如，在任务分配这块，我觉得可以根据每个人的专长来分工，这样能更好地发挥我们的团队优势。"

如此，靠着高超的回话技巧，李欣的工作赢得了大家的一致认可，所有人都觉得她好说话、会沟通、有水平。

李欣真的比其他人的水平高吗？不一定！

然而，因为她会回话、回话回得巧、照顾到了别人的里子和面子，会根据人的知识层次及时灵活地调整回话策略，把话回得既明白又贴心顺耳，这样一来，自然会显得她水平高、说话妙。

# 顺水推舟，化朽为奇

沟通似博弈，言语如洪峰。虽然我们都愿意相信善意才是人际交往的底色，但在生活、学习、工作中，却难免因为各种原因被质疑、被诘责、被刁难、被嘲笑，使我们陷入难堪、尴尬的境地，这时候，我们该怎么办？

何为顺水推舟，就是顺着水流动的方向推动船只。而具体到沟通上，就是回话的时候顺着别人的话锋、话茬儿、话音，巧妙地应对，推动话题的继续，活跃沟通的氛围，为人圆场也为己助力。

那么，如何才能在回话时做到顺水推舟呢？总的来说，要注意以下两点。

### "顺"

顺水推舟的重点，就在一个"顺"字上，能借助水的力量，不仅省力，还能让舟行得更快、更远。回话也一样。回话的时候，尤其是遭遇意外、诘难或者其他尴尬场面的时候，如果能顺着话茬儿自然而然地推一把，不仅能为自己解围，也能彰显气度。

酷爱舞蹈的王婕机缘巧合之下参加了一档户外真人秀节目。

节目录制当天，突然下起了雪，猝不及防之下，王婕状况频出，尤其是在进行才艺展示的时候，一不小心还摔了个大马趴。那情景，别提有多尴尬了。

"你没事吧？有没有伤到？"主持人扶起王婕，一边询问，一边安慰，"谁都会犯错，只要努力过，就足够了。"

"您说得对，谁都会犯错，"王婕站起身来，对着主持人微微一笑，然后，昂起头继续说，"今天，我也犯错了，不过，我一点儿都不遗憾，相反，我还很开心。"说到这儿，王婕语气稍顿，然后接着说，"卓别林大师曾经说过，'世界上最精彩的演出，是出错的那一场'。今天，是我第一次看到雪的日子，也是我出错的日子，这场出错的演出，也是我人生中最精彩的一场。我真的很开心。"

王婕的话音刚落，现场立即掌声雷动。

毫无疑问，王婕是个回话高手！在自身已经出错的情况下，她没有回避错误，反而将错就错、顺水推舟，自圆其说的同时又不失风度，可谓一举两得。

"推"

顺水推舟，"顺"是前提，"推"是手段，要怎么推，往哪儿推，用多大力推，都很有讲究。一般说来，推的方式有四种。

第一，正推，又名直推，顾名思义，就是按照原本的"水流"方向直直地向前"推"。体现在回话上，就是顺着原本的话题去续话、顺势成势、借力用力、不岔题、不打弯。也可以独辟蹊径、"顺势"换一个与众不同的角度来切入，但不转变话题。

陶陶妈妈，你居然没给陶陶报补习班？孩子会输在起跑线上的！

怎么会？补不补课和起跑快慢有什么关系？

第二，侧推，与正推相对，虽然仍然是"顺水"向前，但方向会稍稍发生偏移，不再向正前方，而是向旁边偏移。

简单来说，就是在回话的时候，顺着原本的话题来转移话题，从一个旧的、让人尴尬的话题转移到新的、与旧话题相关的话题上来。

第三，单推，就是靠着自己一个人的机智转圜来推动沟通的继续。单推的方式有许多，可以正推，可以侧推，可以以点带面巧妙地推，也可以一力降十强力地推。

第四，齐推，从某种意义上来说，就是顺势借势、借力打力。

我们先"顺水"提起话题，之后再巧妙地借助大家的力量，通过让大家一起讨论、争辩、附和等方式，合力推"舟"——话题、情景、项目、沟通目标等的继续。

其实，类似的顺水推舟法还有很多，这里就不一一赘述了。总之，大家请记住，"推"的前提是"顺"。"推"要讲究方法，多用巧劲儿，适当用强劲儿，看清趋势和方向，谨防用力过猛。

你是新人，要多锻炼，这个任务就交给你了。

您谦虚了，我们新人哪比得上老前辈，这任务还得您挑大梁啊，大家说是不是？

# 移花接木，歪回正着

在日常沟通中，无论是谁，或多或少都会遇到一些令人尴尬、难堪的场景，还有一些不愿意也不好回答的问题，或者一些故意刁难、嘲讽、没事找事的人。此时，我们该如何面对？很简单，学会"移花接木"就够了！

移花接木，原本是古代的一种嫁接技法，心灵手巧的匠人们可以利用一些手段将一种花木的枝丫嫁接到另一种花木上。后来，这一概念被引申到沟通领域，成了一种高明回话手段的代名词。

深谙回话之道的人，总能在不知不觉间移花接木——转移话题、替换概念、驳斥刁难，为别人圆场、为自己解围，从而赢得一片喝彩。

那么，平时回话的时候，我们该怎样移花接木呢?下面介绍四种常见的方法。

## 正词歪解

同一个词，不同的解释有不同的含义，即便没有，我们也可以自己巧妙地创造。比如"可爱"，可以解释为"可怜没人爱"；"可怜"，可以解释为"可爱惹人怜"。

清朝名臣纪晓岚是一位典型的歪解高手。

相传，有一年盛夏，午后时分，乾隆皇帝心血来潮地到军机处视察。他来时，纪晓岚只穿了一件汗衫纳凉，根本来不及换衣服，但又害怕御前失仪，就躲在了桌子下。躲了很久，纪晓岚才出声询问同僚："老头子走了吗？"乾隆听了，勃然大怒，大声呵斥："大胆！纪晓岚，你居然敢称朕'老头子'！"

纪晓岚立即从桌子下钻出来，解释说："万岁，臣称您'老头子'是尊称，是表示对您的尊敬。您是万岁，寿与天齐，这不是'老'吗？您是帝王，统御天下，不正是万民的'头领'吗？您还是'天子'，上天之子，得天眷顾。所以，臣才尊称您为'老头子'呀！"

闻言，乾隆帝立即转怒为喜，不仅没怪纪晓岚，还给了他不少赏赐。

很多时候，我们在回话的时候，稍微曲解一下词义，无论是把本来一体的词拆开来解，还是把原本拆开的词混为一体用，只要能说得通、说得顺，"歪"一点儿，也挺好。

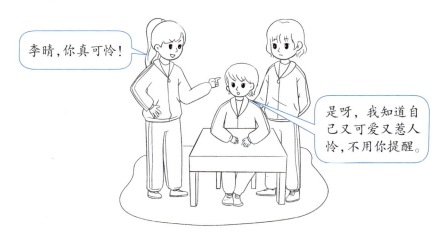

## 以彼之道，还施彼身

移花接木的精髓是什么？是用别人攻击我们的"矛"来攻击他/她，是把别人对我们的污蔑、给我们贴的标签巧妙地、无声无息地回敬过去。

我从不给蠢货让路！

我和您相反，我很乐于给蠢货让路。

## 谐音谐语

谐音，就是我们常说的同音不同意，用意义千差万别但同音的"错"字替换掉原本"对"的字，以达到某种出人意料的表达效果。比如，十全十美和"食"全"食"美，前途无量和"钱"途无量，一鸣惊人和"衣"鸣惊人，刻不容缓和"咳"不容缓等。

## 巧用歧义

一个词、一句话，可以引申出多种解释、多个意思，这就是歧义。

回话高手们总是能巧妙地利用这些歧义，把原本不好回、很难回的话，回得既圆满又漂亮。

德法战争期间，一位军需官到前线视察。

当时，夕阳西下，天色微暗，士兵们正聚在一起吃晚饭。只是大家显然吃得并不开心，一个个都眉头紧皱。"饭菜不好吃吗？"军需官看到了，忍不住问道。"不是不好吃，是根本没法儿吃。"一个士兵抱怨着，"汤里面全是土，饭里面都是沙。"

难道军队的伙食这么差？听了士兵的抱怨，军需官下意识地就觉得他在撒谎，于是大声呵斥道："吃个饭还挑来挑去，你们以为当兵入伍是来享受的吗？是来抵御敌人、保卫国土的！"士兵闻言也知道自己的抱怨让军需官反感了，可饭菜确实很差，所以，他想了想，之后郑重地回答说："您说得对，军人的职责是保卫国土，可是，我们保卫国土的方式，不该是将这些带土的饭菜吃进肚子里。"

军需官听了，若有所思。之后不久，前线的伙食就变得丰富而美味起来。


需要注意的是，歧义并不能处处都用，用不好，很可能会弄巧成拙，造成误会。

春天来了，所有的猫身上都容易生跳蚤，您家猫……

我家猫只会生小猫。

# 巧用"对照组"，有对比，更鲜明

子曰："权，然后知轻重；度，然后知长短。"世间很多事，其实都是对比出来的。没有高作对比，就显不出矮；没有错作对比，就显不出对；没有胆小自私的人作对比，就显不出勇敢无私……

无论什么时候，做什么事，如果能熟练运用对比法，一定会事半而功倍。回话时巧用"对照组"，不仅能够凸显人或事物的特征、本质，还可以让这些特征、本质更具体、更真实、更鲜明。

这次考试，发挥得还不错。

唉，没有对比，就没有伤害。

那么，在回话的时候，怎么才能用好对比呢？

## 要明确对比的目的

对比是为了什么？为了彰显自身的某些长处、优势、强项，或者引起别人的注意，让别人关注自身的某些特质。比如，想彰显自己的大度，想让人看到自己的勤劳刻苦等。

## 要找到合适的比较对象

目标确定后，下一步就是寻找合适的比较对象。一般来说，比较对象的选择分三种情况。

首先是截然相反的同类。譬如，好人和坏人、警察和罪犯、忠臣和奸臣、明君和昏君等。

宁戚是春秋时期齐国的大夫，曾奉命出使宋国，谒见宋桓公。

见面后，宁戚率先给宋桓公行礼，宋桓公却态度傲慢，视若不见，久久没有给出回应。

宁戚忍不住叹了口气。"你为什么叹气？"宋桓公问。宁戚回答："我在为宋国的处境哀叹。""什么意思？"宋桓公不解。宁戚不答反问："您与周公比，谁更贤明？""周公！"宋桓公回答道。宁戚说："在周朝国力最鼎盛时，作为首辅的周公依旧礼贤下士。而您呢，宋国势弱，您对待别国的客人如此傲慢，宋国的处境岂不更危险？"

宋桓公闻言，恍然大悟，连忙向宁戚致歉。

其次是差距明显的同类。除了正反对比，同一品类、不同个体之间的正正对比也是展现自身优势的好办法。例如，都是卖苹果，一个摊位的苹果又大又红、味道甘甜，另一个摊位的苹果又小又青、味道酸涩，在价格相差不大的情况下，恐怕所有人都会选择前者吧。

最后是区别显著的异类。异类之间能对比吗？实话实说，可以！而且有时候效果会更明显！

举个简单的例子，想要彰显兔子的体型大，你要和谁比？如果和其他兔子比，那毫无意义！要是和蚂蚁、跳蚤、毛毛虫比，那效果绝对立竿见影！

## 要掌握对比的技巧

首先，对比作为对照组的双方，无论是同类还是异类，都要有相关性，有共性，有可以彼此联结、比照的地方，不能风马牛不相及。比如，有顾客抱怨"这台电饭锅真贵，居然要三千块"，你回答"电饭锅和别墅比差远了，最便宜的别墅一套也得几十万呢"。

其次，对比要具体化、清晰化，不能太空泛，而且作为对照组的一方，最好是大家都比较熟悉、了解的人或者事物。

周末，妈妈带着7岁的女儿到天文馆去参观。母女俩一起看了宇宙演变的纪录片，看了各种有趣的展览，还用望远镜观测了太阳。

"妈妈，太阳看着好小哇，为什么讲解员叔叔说它很大？"看完之后，女儿问。"太阳看着小，是因为距离我们远。"妈妈回答。"是吗？"女儿明显有些不相信。妈妈想了想，就问女儿："亲爱的，你说，我们生活的地球大不大？""大！地球上有很多国家，有几十亿人，超级大。""那妈妈告诉你，太阳更大，130万个地球加在一起才和太阳一样大。""哇！太阳好大！"听了妈妈的话，女儿一下子惊呆了。

# 多点儿幽默，开开玩笑，回话轻松又愉快

幽默是"言值"的风向标，是沟通的润滑剂。日常回话的时候，时不时地抖一抖机灵、秀一秀幽默，开个无伤大雅的玩笑，不仅不会让人反感，反而能调节气氛、缓解尴尬，融洽彼此的关系。

莎士比亚曾经说"幽默是智慧的闪现"，谁会不喜欢出口成趣的人呢？说话风趣、回话幽默、不经意间就能把你我逗笑的人，无论何时何地，都是最受欢迎的。学会幽默，适当地开开玩笑，自然就是回话高手的必备技能。

下一位出场的选手是5号姚天麒。

大家好，我是宇宙超级无敌帅的姚天麒，很高兴能在这里和大家见面。

幽默并没有具体的定义，秀幽默也没什么定式，不管你是自夸、自嘲、自贬，还是因人即事、歪解典故、萌化人物、套梗用梗，只要不触及底线、不让人反感，就无可挑剔。

李成是个风趣的人，有他在的地方，总少不了欢声笑语。

一次，李成外出办事，正好遇到阔别很久的大学同学张鑫。

两人见面后，互相寒暄了几句，张鑫就问李成："最近还好吗？"

李成笑着指了指自己头顶稀疏的头发，说："还不错，就是有个烦恼，太聪明了，已经聪明绝顶了。"

张鑫闻言，忍俊不禁，两人之间原本有些生疏的气氛立即变得热络起来。

很多时候，人和人之间的交往就是这样，一句善意的调侃，一个风趣的玩笑，不知不觉就能让原本枯燥无味、乏善可陈的沟通变得生动活泼起来。

## 开玩笑要注意氛围、场合

不过，秀幽默、抖机灵、开玩笑虽然是高效回话、良性沟通的"千金方"，但也有忌讳，也分场合，不能乱用。具体来说，就是在欢欣、喜悦的氛围、场合，比如庆功会、生日会、婚礼现场，不时地开开玩笑，属于锦上添花，既能活跃气氛又能烘托情感，大家也都乐见其成，乐于捧场。在氛围比较沉重、严肃的场合，随便乱开玩笑，不仅不合时宜，还会失分寸，让人反感。

## 秀幽默要区分对象

人有千般，脾性万种。有的人觉得开开玩笑挺好，有的人却觉得开玩笑、秀幽默就是"嬉皮笑脸不正经"，所以，秀幽默也要分对象。日常回话的时候，尽量不要和秉性严肃的人、年龄大的长辈或领导、心思敏感的异性乱秀幽默。

## 避开玩笑的两大"雷区"

一般来说，开玩笑有两大雷区：一是个人隐私，人要有边界感，即便关系再亲密，也不能拿别人的隐私开玩笑；二是个人的生理缺陷和明显的缺点，如肢体残疾、先天聋哑、过丑过胖等。

34岁的迟强，毕业于世界顶流名校，是五百强企业的副总，有才华，有见地，谈吐风趣、性格宽厚、年少多金，在许多人眼中，就是典型的"钻石王老五"。

不过，人生看似完美的迟强也有烦恼，就是他的身高太矮了，只有一米六，为此，迟强很苦恼，平时对和高矮有关的话题也很忌讳。

元旦到了，公司举行了庆祝会，会上，总裁对迟强表示了关切，还笑着怂恿大家："单身的女同胞们要抓紧哪，现成的高富帅，可不能便宜了外人。"

这时，平时自以为会说话的王芸接茬儿说："总裁，咱们迟总，那不是高富帅，是矮富帅，要不人家都说'浓缩的都是精华'。"

听到这话，迟强气得双眼冒火、面色铁青，其他人也都十分尴尬。

我穿这套怎么样？

挺好，就像一只帅气的黑耗子。

# 多用修辞，让回话更有力度

> 俗话说"人靠衣装，佛靠金装"，任何事物都需要装点。得体合适的衣饰、妆容能让平凡的我们瞬间变得惊艳而精彩，合宜的修辞也能让普通的回话变得既有深度，又有力度。

何为修辞？简单来说，修辞就是对文辞的装点和修饰。

修辞运用能力越高，文字的展现力就越强。而说话也好，回话也好，从本质上说，不过是用嘴说出来的文字。

请问，李先生，您为什么总能把话回得好听又贴心？

因为我善用修辞。

修辞手法有许多，但并不是所有的修辞手法都适合用在回话和表达上。回话时，最常用的有四种修辞手法。

## 比喻

顾名思义，比喻就是用我们熟悉的、知道的一些具体的、可见可感的事物来形容一些抽象的、陌生的、不那么容易理解的事物。

某医院骨科副主任沈琳接诊了一位老年患者。

老人自述最近一段时间总是胳膊肘疼,沈琳检查后发现,老人的肘关节出现了严重的退行性病变,建议他进行封闭治疗。

没想到,老人一听就急了,"我没病,什么退,什么变的,都是胡说!"

面对指责,沈琳耐心地解释说:"大爷,您听我说,咱们的身体呀,就像是一台机器。年轻的时候,机器是簇新的;可人上了年纪,就像机器用得久了,就旧了,有的零件会坏,有的零件会生锈。您呢,确实没病,这个退行性病变,就是说您的关节磨损了,得过来修修。做封闭治疗,就是给您修这个关节。"

听了沈琳的解释,老人这才明白是怎么回事,欣然接受了治疗。

巧用比喻,不仅能让回话变得更具体、形象、生动,还能让人更明白、更容易理解。

## 排比

排比就是一连串并排在一起的结构相似、语义相关的句子。比如"理想是船,迎风起航;理想是向日葵,向阳绽放;理想是翅膀,振翅飞翔"。

回话时用排比,主要就是为了增强气势、烘托氛围,让表达更精彩、感情更真挚。

目标是什么?

目标是海上迷路时闪耀的灯塔,是人生迷路时的指南针,是黑夜彷徨时熠熠的星辉。

## 夸张

顾名思义,夸张就是为了达到某种效果,故意用不符合客观事实的话语来描述事物或人的形象、性格、特征等。

夸张分为两种:一种是夸大,就是把人或事物的某些特质放大,比如形容人的头发长时说"白发三千丈";一种是夸小,即把人或事物的某些特质缩小,比如形容面积小,就说"只有巴掌大"。

日常回话时,适当地夸张一下,有益无害。

## 双关

双关是回话高手们最喜欢也是最青睐的回话技巧。

简单来说,双关就是一句话有两层意思,表面一个意思,深层次一个意思,两者关联,极其高妙。

在封建王朝,帝王封禅是非常隆重、庄严的事,只要大典顺利,参与的官员或多或少都会得到升迁。

一次,宫中盛宴,唐玄宗就问郑镒:"你为何升迁得如此迅速?"

郑镒张口结舌,不知道该如何回答。倒是玄宗身边的一个近侍替他答了话："禀圣上，郑大人之所以升迁得如此迅速，全是仰仗泰山之力。"

唐玄宗听了，若有所思。事后派人调查，才知道郑镒是张说（曾主持过唐玄宗封禅泰山的大典）的女婿，而古时候，"泰山"正是岳父的别称。

近侍所说的"仰仗泰山之力"，就是典型的一语双关。话没点明，含而不露，但该表达的意思都表达了，双关之妙，由此可见一斑。

# 赞美是赞美者的通行证

> 赠人玫瑰，手有余香；利刺伤人，难免伤己。中国人自古就崇尚"和为贵""友为先"的处世之道，在彼此沟通的时候也是能"栽花"就绝不"种刺"，能说好话就绝不说坏话。

这个世界上，大概没有比赞美别人更惠而不费的回话技巧了！

假如你不会花言巧语，不懂阿谀奉承，也做不到八面玲珑，那么，就学着去赞美吧！

听懂了吗？还有哪里不明白？

都听懂了，您讲得非常清楚，您真厉害。

当然了，赞美这个事儿也是讲技巧的，要想赞得好，有三个诀窍是我们需要知道的。

## 赞美要由衷

诚然，所有人都喜欢被赞美，但这并不代表着所有的赞美都能收到好效果。如果赞美时言不由衷、虚伪敷衍，极有可能适得其反。

每个人心中都有一杆秤，称得出真心，量得了假意。不真诚的赞美、不经心的夸奖、言过其实、人云亦云的"拍马屁"、虚头巴脑的奉承，这些就像是裹着糖衣的泥屑，轻轻一戳，就会破掉。所以，赞美时一定要由衷，要真心，否则弄巧成拙、伤人误己。

## 赞美要选对角度

赞美是什么？不是一味地说好话和漂亮话，也不是没底线、没原则地吹捧，而是说到人心里、回到人"痒"处的"大实话"。

一般来说，赞美一个人，选择从他/她最喜欢、最感兴趣、最热衷的人或事，他/她最擅长、最得意、最具优势、最想彰显的地方，或者他/她最在乎、最关切、最放不下、最引以为憾或者引以为傲的人或事上下手，效果会更好。

譬如，赞美一位长者，你可以赞美他"德高望重""有学识"，却不宜赞美他"有冲劲儿""看上去年轻"；赞美一位教师，你可以赞美她"长相甜美""性格温和""育人有方"，却不要赞美她"热辣开放""性感多金"。

## 赞美要落到细处、实处

没有灵魂的故事不是一个好故事，没有落到实处、细处的赞美也不是好的赞美。

要真心赞美一个人，不仅仅是空洞的称赞，而是要观察并欣赏他们的个性、特质和细微之处。这种赞美是独一无二的，因为它源自对被赞美者的真实认知和理解。只有这样的赞美才能被真正感受到，并且具有持久的意义。

小李14岁的女儿妍妍过生日聚餐，同事王楠和乔青都应邀参加。

小李敬酒的时候，王楠不失时机地赞美说："你女儿真漂亮，我见过的所有女孩子都比不上她。"

小李听了，只是笑笑，没说什么。

这时，乔青也赞美说："小李，你女儿长得和你真像，尤其是眼睛，细细的、黑黑的，但比你的眼睛要秀气些，看上去更精致。还有，她笑起来特别明媚，双颊两个小酒窝，好可爱。真羡慕你有这样漂亮的女儿！"

听了乔青的话，小李立即笑逐颜开，不仅真诚地道了谢，还单独敬了她一杯酒。

同样是赞美，同样是赞美女孩子漂亮，为什么王楠和乔青的话带来的效果截然不同？

很明显，因为乔青的话有细节，更走心、更用心，她是真真切切地在夸妍妍这个人。她是真的说出了妍妍漂亮在哪儿，而不是空泛的"漂亮"。如此，自然会让小李觉得更真诚、更贴切。

在日常与人打交道时，赞美已经成为一项不可或缺的沟通技巧，会赞美的人，不管走到哪里都会更受欢迎。赞美是一种优良的品质，是人际关系的润滑剂，它可以拉近人与人之间的距离，让彼此之间的关系更亲近。赞美还可以让人保持积极乐观的人生态度，更有动力去实现自己的梦想。赞美是一种慰藉，它犹如一股清风，带给人清凉和抚慰；赞美是一抹暖阳，会帮人们驱散生活中的迷雾，大踏步向前。多多赞美别人，既能使人快乐，又可以反过来滋养自己，何乐而不为呢？

# 以新诱人，以奇制胜

一部电视剧，如果刚看个开头，就能知道结尾，你还愿意花时间去看吗？同样的话，说了一千遍、一万遍，听得耳朵都长茧子了，再听到，你会不会很不耐烦？

喜新厌旧是趋势，也是人的天性。

因此，真正的回话高手在回话的时候都懂得以新诱人，以奇制胜。那么，在日常沟通中，我们该如何出新、出奇呢？

## 独树一帜，拓展思维

出新，最主要的就是不拘泥程式、传统，勇于拓展思维，做出全新的尝试。新的本质，就是不同于旧的或以前没有的。

中国著名女作家、笔名三毛的陈懋平就是个极浪漫、极有新意的人。

同时代的很多人提及爱情、相思的时候，要么说"思念如春水，绵绵不绝""思念像野草，蔓延不尽"，要么直接说"我想你""我爱你""我喜欢你"。陈懋平却不。

在和爱人荷西分别后，她这样表达自己的思念，她说："每想你一次，天上飘落一粒沙，从此形成了撒哈拉。每想你一次，天上就掉下一滴水，于是形成了太平洋。"

瞧吧，这多么浪漫，多么新奇，世界上又有哪个男人会抗拒如此深厚的感情？

什么是新奇？这就是新奇！新与奇，既源于丰富的想象力、发散性的思维，也源于生活的阅历、日常的积累、广博的见地。

## 旧中求新，模仿+独创

如果阅历不够、想象力不足，做不到别出心裁、独树一帜，那么，在旧中求新也是个不错的主意。

什么是旧中求新呢？通俗点儿说，就是"旧瓶装新酒"，套路还是那个套路，模板还是那个模板，但内容可以与时俱进地换一下、变一变。

亲爱的，我喜欢你，就像喜欢最新款的游戏皮肤，一刻也离不了，怎么都忘不掉。

你真好。

## 逆推，出人意料

逆推，就是逆向推理、逆向思维。平时回话的时候，要出新出奇，逆推其实是最简单的方法。

怎么逆推呢？就是你先想一下遇到同样的情境，大家的习惯性反应，然后反着来、跳着来。或者，干脆直白点儿说，就是不按常理出牌。

两个人见面，互相打招呼问候，别人问你"吃了吗"，你不按套路来，不说"吃了"，也不说"没吃"，反而说"正要去吃""不想吃"，这就是出奇。

## 另辟蹊径，换个角度

新奇是什么？是不俗套、不普遍、不大众！

做一件事，99%的人都选择A模板，只有你选择了B模板，或者只有你切换角度、转变思维、对A模板进行了篡改，那么，你就是出新出奇，让人另眼相看的那一个！

又是一年毕业季，李萌作为面试官去北京校招。

"您好，我是曲甜，22岁，毕业于科技大学……"毕业生们千篇一律的自我介绍，听得李萌昏昏欲睡。好不容易面试完一个，李萌正准备歇歇，又一个男生走了过来。

"您好，面试官，请允许我占用您几分钟时间，向您推荐一款半个月前才在科技大学金融系完成了四年深加工的产品。这款产品是中国福建制造，2002年出厂，配备最先进的人工智能，搭载英语、俄语、金融管理等核心插件，工作能力突出，可以试用。这是产品说明书。"说着，递上了自己的简历。

李萌一听，立即眼前一亮，兴致勃勃地看起这个男生的简历来。

不得不说，男孩子这种新颖有趣的自我介绍真的是极亮眼！

# 拒绝要委婉

在日常生活、工作中，无论是谁，或多或少都会遇到些不愿、不能、不想做的事，可是因为磨不开情面、怕伤人自尊、被人误会、破坏彼此的感情，又不好直接、生硬地拒绝。这个时候，婉拒就成了最好的应对方法。

婉拒，就是用委婉、含蓄、不那么直白的方式表示拒绝。婉拒的目的是拒，途径却是婉。婉，就代表着柔和、有温度、不锋利、有缓冲，如此，给人余地，自己也留余地，自然两全其美。

那么，平时沟通、回话的时候，我们该如何婉拒别人呢？

明天和我一起去看《泰坦尼克号》，好不好？

抱歉，上周我就和李教授约好了，明天去改论文。咱们改天再约吧！

## 阐述理由，表明利害

虽然生活中不乏胡搅蛮缠、无理取闹的人，但绝大多数时候绝大多数人还是要面子、通情理的，所以只要你申明利害，说出不帮的理由，大家也不会强人所难。

春秋时期，鲁国有位名相，名叫公仪休。他博学多才，干练务实，一生别无所好，唯独喜欢吃鱼。有人想求他办事，特意花重金搜罗了许多珍奇、美味的鱼送给他，但公仪休拒绝了。

"您明明爱吃鱼，为什么不收呢？"那人很不解。

公仪休就郑重其事地告诉他："正因为我爱吃鱼，所以才不能收鱼。我俸禄不低，想吃鱼了，可以花钱自己买，只要我还是相国，我就有俸禄，能一直给自己买鱼吃。可是，如果我收受了贿赂，徇私枉法，国君就会罢免我，我失了官位，没了俸禄，就没钱买鱼了。那些贿赂我的人也不会再贿赂我。所以，我不能收鱼。"

当然了，虽然拒绝是我们的权利，不愿帮忙也无可厚非，但为了更好地维护彼此之间的情谊，在拒绝之前，先说一句"抱歉""不好意思""对不起"，表达一下歉意，无疑要更好一些。

小丽呀，你看你都当上副总了，能给你妹安排个工作不？

抱歉，三姨，我们单位抓得严，我要是徇私给我妹安排了，我就得丢工作。

## 巧言推托，寻找"挡箭牌"

心里想拒绝，又不好直接拒绝的时候，不妨学着转移一下矛盾，给自己立个"情非得已"的人设，寻个"挡箭牌"，让对方知道，你不是不想帮，而是"有心无力"，做不了主。

兄弟，最近手头紧，能借我五千块钱吗？

对不起，哥，我要有肯定给你，可我的钱都在我老婆手里，我真拿不出。

## 诙谐地说"不"

回话时，最难回的一个字大概就是"不"了。

说"不"简单吗？很简单！拒绝容易吗？很容易！但要把"不"说好真的很难。所以，与其在严肃的氛围下一本正经地拒绝，倒不如营造欢快的氛围，用开玩笑式的诙谐语言来回绝。

## 给出更优解

有时候，开口求助是需要勇气的；被拒绝了，哪怕拒绝得再委婉，对当事人来说也是一种打击，会让她/他心里留下疙瘩。所以，最高明的拒绝并不是把"不"说得多好听，而是帮助别人找到解决困境、难题的更优方法。

秦璐是个小有名气的偶像派作家。朋友刘岚想要请秦璐帮自己的姥爷写本个人传记。

不巧的是，秦璐最近很忙，她的一本小说已经启动了影视化的程序，她得全程跟组，做各种工作，根本就没时间写传记，但直接拒绝刘岚的话，又磨不开面子。怎么办呢？

秦璐辗转纠结了半天，最后想到了一个好办法。她先是对刘岚说了自己的不足："你知道，我是写小说的，没写过个人传记，能不能写好，我真没把握。"之后，她又给出了解决办法，"我认识一位作家，名叫朱丽，她是专门写传记的，很多名人都和她合作过。要不，我找个时间，约她出来，你和她聊聊？"

刘岚一听，欣然同意了，不仅没因为秦璐的拒绝生气，还直夸她体贴、够朋友。

最高明的拒绝是什么？是你明明拒绝了，别人还要感谢你！这一点，秦璐就做得非常好。

事实上，在日常生活、工作中，会对我们有所求的，多半是我们熟悉、亲近的人。所以，即便想拒绝，也要费点儿心，帮着支支着儿、指指路、想想法子，惠而不费，没坏处的。

# 第四篇

# 回话的八大禁忌

　　想要做一个回话高手，在回答他人问话时，我们就要掌握一定的技巧。不要啰里啰唆说半天，却说不出重点，徒增他人烦恼，也不要缺乏逻辑性，更不要随意打断他人讲话。不要当老好人，但拒绝时要注意维护对方的面子。当然，该果断拒绝时也要毫不手软，以免给自己留下后患。

# 啰里啰唆，抓不住重点

> 俗话说得好："公鸡只叫一声，就引起了人们的注意。而蛤蟆一天叫到晚，却没人注意。"这就告诉我们，话不在多，而在精。所以，说话尽量简短一些，不要长篇大论，也不要总是起承转合。只有抓住核心要义，才能一语中的。

我们平常在与人沟通时，要开门见山，直达问题的核心，不要总是拐弯抹角，让别人听了半天还不知所云。很多人在说话前总喜欢顾左右而言他，进行一大堆铺垫，以此彰显自己的客套，其实这样做并没有多少意义，反而会引起他人的反感。还不如直接一点儿，干脆一点儿，以提高说话的效率。

有的人在回答他人问话时，原本可以直接给出答案，可是他们会先引用一堆假大空的话，给人特别不真诚的感觉，从而让别人原本有着确切答案的问题变得模糊起来，双方的交流也变得不顺畅。

小新大学一毕业，就入职了现在的公司，上司对他非常器重。几年后，上司便推荐他当上了部门的一把手。小新在高兴之余，也不免心生担忧。他担心自己的工作经验不足，会搞砸自己的饭碗。于是，他请教自己的上司，如何才能胜任现在的工作。上司说："只要是你做出的决定，就一定要坚持下去。"小新说："如果我做出的决定是错的呢？也要坚持吗？"上司说："积累经验。"小新说："您这话让我更迷惑了，如何才能积累经验呢？"上司继续说："经验来自错误的决定。"小新这才明白过来，原来不管怎样，自己都会犯错误，何不从错误中吸取经验呢！上司微笑地点点头。上司针对小新的提问，给出了简明的回答，直接切中问题的要害，才能让小新快速明白上司的意思。

## 尽可能简明扼要地表达自己的观点

在与人交流的过程中，有的人擅长长篇大论，让听众沉醉在他语言的魅力中；有的人则言简意赅，三两句话就可以让听众领会他说话的要旨，让人肃然起敬。假如简短的话就可以很好地表达自己的观点，给听众的心灵带来强有力的冲击，为什么还要发表那么冗长的演说呢？更有甚者，在回答别人的问话时说了一大堆，却始终无法准确地表达自己的意思，让听众如坠云里雾里，浪费了宝贵的时间不说，还让别人对自己的印象大打折扣。所以，下次说话前，先在脑子里大致捋一下思路，挑重点的来说。

## 直接回答对方的问题

如果有人询问你这件事情你是知情还是不知情，请你简明地回答是知情还是不知情，而不要先做一大堆前情陈述，让对方觉得你在回避问题，引起对方的厌烦。尤其是当别人问你一个非常正式的问题时，你更应该直接给出答案，尽可能有条理，而不要铺垫半天都回不到正题上。

你知道什么类型的面膜适合我吗？

我看您皮肤略微干燥，我来给您推荐一些滋润补水的面膜吧。

## 如何让自己的语言变得简练

古语有"吟安一个字，捻断数茎须"，由此可见，在追求语言精练方面，古人是多么用心。而现代人想要让自己的语言精简而准确，更应该下一番功夫。首先，要学会对问题进行分析，透过现象看本质，并擅长总结，以此说出的话才能一语切中本质；其次，脑子里还要多储存一些词汇，可能某个词就可以准确地表达自己的观点，而不需要啰里啰唆说一大堆；最后，还要学会删繁就简，从事实出发，适当地简略一下。当然，我们不能为了刻意追求简洁而大幅度缩减内容，否则会让别人误会自己的本意。

这天周末，小莉像往常一样去超市购物，她今天想买一款滋养去屑的洗发水。可当她来到洗护用品区，就开始犹豫了，这上面的广告都说得太好了，什么修复干枯受损的发质，什么还你一头灵动的秀发，什么让你的头发如丝般柔滑……她一时有点儿拿不定主意，开始在不同的洗发水品牌间徘徊。

这时一个售货员见状走过来，开始给小莉一一介绍，她把每样产品都夸得天花乱坠，似乎哪一款产品你没带回家都是莫大的损失。可是面对这样的售货员，让原本就犹豫不决的小莉愈加不知道该如何选择了。这时又走过来一位售货员，她针对小莉的发质给她推荐了一款既清爽又去屑的洗发水。小莉见对方说到了自己的心坎上，毫不犹豫地买下了。由此可见，简明扼要，直达目的的说话，才能引起对方的共鸣，促使交易的成功。

## 如何让你的回话通俗化

在回答他人问话时，通俗是首当其冲的要点。这里的"通俗"涵盖两层意思，一是用语要通俗，要让别人一听就知道你想要表达的是什么意思；二是意义要通俗，让人一听就了然于心。如果不符合这两个要求，就会出现这样尴尬的局面，你叽里呱啦地说了半天，对方却仍然一头雾水，甚至引发误解。很多人都有这样的毛病，觉得在回答他人问话时，用一些生僻的词语，会让自己显得很高雅，有文化，殊不知，这样反倒会降低你说话的效率。

# 乱七八糟，回话无逻辑、无头绪

为了保障事情的顺利进行，我们在做事情之前，要先按照轻重缓急对事情进行排序。同样的道理，当我们回答他人问话时，也要讲究逻辑，这样才能让沟通更加顺畅。如果缺乏逻辑，我们做事情时就会一团糟，沟通也会重重受阻。

在回逻辑方面的话时，要做到的就是前后一致、首尾呼应。只有这样，回话的说服力才会更强。这就要求回话者逻辑思维要严密，不可前后矛盾，以免让自己陷入被动的局面。只有思想稳定、有始有终的语言，才能准确、恰当地回答他人的问题，让他人对你产生信任感。

电脑再借我用几天，我的电脑还没修好。

你上次不是说已经买了新电脑吗？

说话有逻辑，沟通起来才会更加顺畅。如果缺乏逻辑，沟通就会陷入困难重重的境地，信息也无法准确传递出去。这就要求我们在回话时要注重逻辑，还要分清主次，以促使沟通的顺利进行。

伊索是古希腊非常有名的寓言家，曾做过奴隶。一天，他的主人设宴招待宾客，来者都是当时非常有名的哲学家。主人要求伊索拿出最好的菜款待客人。于是，伊索准备了一桌"舌头宴"，端上来的菜全是动物的舌头。主人一脸吃惊地看着他，伊索镇定地答道："舌头可带来智慧，这难道不是给这些哲学家最好的菜肴吗？"客人们都纷纷点头称是。

过了一段时间，主人又要求伊索准备一桌最差的宴席，结果端上来的又是舌头。主人勃然大怒，伊索从容地答道："不是有句话叫'祸从口出'吗？所以舌头是最差的东西。"主人一时间竟不知说什么好。舌头既是最好的，也是最坏的，就看你从哪个角度去看待它了。而伊索正是抓住了这一特点，让对方无言以对，并引发人们无穷的思考。

## 回话要有逻辑

在与人对话时，切记要讲究逻辑，哪些话先说，哪些话后说，分清主次和轻重，这样才能让你的回话有的放矢，也能给人带来启迪。假如你说话没有条理，想到哪里说到哪里，就会让人抓不住重点，谈话也就失去了意义。即便你说的话句句真诚，也会给人特别敷衍的感觉，导致沟通受阻。因此，即便你特别急切地想要把某个观点传达给对方，也要讲究说话的方式和方法，不能想到什么就说什么，而要先在脑子里过一遍，这样才能让你的表达更具有逻辑性，回话的效果才会更好。

我特别喜欢和你聊天儿，感觉你说话逻辑清楚，沟通特别顺利。

我觉得这是回话的基础，如果连基础都做不到，那就真的要去努力改变说话方式了。

## 说话缺乏逻辑的人要怎么办

很多人通常话说一半，就会被人打断，原因是他说的话太缺乏逻辑了，对方会反复向他确认："你到底想要表达什么意思？""你能不能简明扼要地概括一下你的观点？"这样的人就是说话缺乏逻辑的人，他们在说话时通常东一榔头西一棒子，没有主次，也没有重点。尽管说话有逻辑听上去并不难，可是要想真正做到，则需要一段时间的修炼。我们需要掌握大量的沟通技巧，还要在平常多加锻炼，这样才能保证在回答别人的问题时，可以应对自如。

他到底想要表达什么？

不知道，感觉毫无逻辑。

## 先打好腹稿再回话

在回答他人问话之前，必须先仔细思考一下，可以提前在脑海里演练一遍，看看如何回答别人的问话更得体，如何讲出来更容易得到对方的认可。如果你迫切想要回答他人的问题，也不要不经思考就脱口而出，这样往往会让你的回话缺乏逻辑，甚至文不对题，让自己下不来台。更有甚者，还有可能让对方难堪，导致交流无法继续下去。你要时刻记得自己回话的宗旨，那就是抓住问题的关键，想要对方接下来该怎么做，这样就有利于下一步工作的开展。

菲利喜欢骑马，自己家也养了几匹马，其中有一匹骏马可以日行千里，深受他的喜爱。一天，菲利像往常一样来到马厩里，却发现那匹骏马不翼而飞，他当即断定这匹马就是被邻居偷走的，因为邻居对他这匹马垂涎已久。

于是，菲利带着警察来到邻居家，请警察给他做主。邻居见到警察，依然一口咬定自己没有偷骏马，说自己家也有非常好的马。当警察正在询问邻居时，菲利突然蒙住自家骏马的眼睛，问邻居："既然你说这匹骏马是你家的，那么你能说出来这匹马哪只眼睛的视力不好吗？"邻居此时一脸慌乱，敷衍道："右眼。"菲利笑了笑，并没有挪开自己的手。邻居以为自己答错了，赶紧改正道："左眼。"菲利笑着说："我看你就是个偷马贼，这匹马两只眼睛都没有问题。"警察目睹了整个过程，早就明白了其中的原委，当即让菲利把自己的马带回了家。

## 交谈中听者的重要性

交谈必须是双向的，如果听者毫无反应，只剩下说话者滔滔不绝，说话者是难以继续下去的。在交谈时，听者要学会营造氛围，让说话者可以自如地说下去。作为交谈的高手，主持人通常非常善于引导嘉宾说话，全程注视着对方的眼睛。当嘉宾说出某个非常有趣的观点时，主持人会点头示意，并予以夸赞，之后问他："接下来发生了什么？"这就使得谈话可以自然而然地进行下去。假如一场谈话变成说话者的独角戏，那么无异于对着墙壁或机器说话，是毫无灵魂的。

# 随便打断别人

　　会回话的人通常都具有一个特质，那就是会专注地聆听对方说话。在与人交流时，会听是其中一个极其关键的环节。当对方发现你在认真聆听他说话时，他会感觉自己受到了尊重，会对你产生好感，从而讲出心底最真实的话。

　　古德曼定理告诉我们，我们不能将沟通单纯地定义为有声的讲话。当然，这并不是对谈话的效果予以否定，而是站在心理学的立场，用辩证的思维看待沟通。不少人肯定都有过这样的经历，当你人未到声先到时，往往会让沟通陷入难堪的境地，使得沟通难以进行下去。

为什么我和别人谈心后，心情总是得不到疏解。

沟通是两个人互相交流，而不是你单方面地吐槽，不给别人说话的机会。

　　如今这个社会，越来越缺少善于聆听的人。它要求我们在和他人说话时，要保持绝对的专注，不仅要看着对方的眼睛，还要第一时间给出回应，不要让对方觉得你心不在焉，对他不够尊重。

　　甲和乙是一家公司的两名高管。甲的头脑反应快，不管什么时候都是他率先发言，有时候甚至有点儿得理不饶人的感觉。而这种个性也造就了他很难专注地聆听他人说话，有时甚至还会强行打断他人说话，让对方很不舒服。而乙从来都是一个合格的聆听者，他从来不会打断他人讲话，而是会保持一个认真的倾听者的状态。只有当对方需要他发言时，他才会给出中肯的意见，因此他在公司的人缘很好。年末，公司要对优秀的主管进行评选，乙高票当选。而过了一段时间，总公司要在外地建立一个分公司，需要一个人去分公司担任总经理时，大家还是毫不犹豫地选择了乙。

由此可见，会聆听、拥有正确的回话方式不但会让人对你印象深刻，还可以让你收获好的人际关系。当有重要岗位空缺时，大家也会第一个想到你。

## 先倾听，再加入

假如你想加入一场正在进行的谈话，就要先知道别人到底在谈论什么话题，双方都各持什么观点。这时倾听就显得尤为重要了，只有会听话的人，才会说话。在交谈中，切忌随意打断他人说话，这不仅是非常不礼貌的行为，还会引起别人的反感，降低沟通的效率。因此，当你想要加入一场谈话时，可以在合适的时候，问对方："我可否加入你们的谈话？"有的人就是因为心急，在没有弄懂他人交流内容的时候就强行加入，最后落得个进退维谷的局面。

## 倾听实非易事

人们常以为倾听是一件非常容易的事，殊不知，要想做一个合格的倾听者，其实是相当有难度的。而它到底难在哪里呢？难就难在你要暂时舍弃自己的立场，真正站在对方的角度想问题，而我们中的大部分人都很难做到这一点。大多数人都迫切要表达自己的观点，往往对方还没来得及说什么，他就立刻反驳，并大量输出自己的观点，直到对方实在听不下去，干脆闭口不言，他还误以为自己的一顿输出，已经让对方心服口服了，还在那得意扬扬呢！

啊，我知道你说的这个，昨天看到的时候快笑死我了……哎，你怎么不说了？

话都被你说完了，我还说什么呀？

## 选准说话时机很重要

当对方正兴致勃勃地发表自己对某件事情的意见时，如果你想要完善对方的观点，可以先给对方一些小提示，或者礼貌地对讲话者说："很抱歉，我能否打断一下？"或者说："对不起，我想我得插句话。"之后再平和地说出自己的观点。当然，这样的插话越少越好，以免打断对方的思路，引起对方的不满。不管在什么情况下，我们都要既重视"听话"，又重视"说话"。很多人之所以人际关系没有搞好，并不是因为他们口才不好，也不是因为他们不会聆听，而是他们没有选准说话的时机。

小欣刚到一家花店上班，老板交代她要对顾客热情一点儿。这天上午，店里进来一个小伙子，看上去一脸严肃的样子。小欣见有客人，便立刻上前热情地介绍。她说："您看起来心情不好，是不是和女朋友吵架了？您送她几朵红玫瑰吧，保管让她满意。"小伙子还没来得及说什么，小欣又抢过话，说："先生，要是您觉得不满意，可以换成康乃馨，我们店里昨天新到了一批康乃馨，您看看要几朵？"小伙子露出无奈的表情，小欣见对方还是不满意，继续说道："要不然百合也行？"小伙子依然一言不发。小欣也有些不耐烦了，说："您究竟想要什么花呀？"小伙子这才开口说："今天是我妈妈的忌日。"小欣听后目瞪口呆，还没来得及说什么，小伙子就愤愤地离开了。小欣错就错在，不应该在没有了解对方需求的情况下，就盲目地推销自己的商品。

## 正确的插话方式

虽然我们一直认为插话是一种非常不尊重对方的行为，可是如果确实需要打断对方的讲话，我们就要注意插话的技巧。如果对方正对某件事谈兴正浓，担心你不感兴趣，露出纠结的神情时，你可以说："请你接着往下说。"又或者对方因为一时生气，在谈话中让自己的感情失控时，你可以趁机加以引导，比如说："你当时一定很愤怒。"还有一种情况，当对方想要让你明白他说话的主旨时，你可以用插话的方式来总结对方的用意。比如说："你的意见是……"

不好意思，我有一件事想向你咨询一下，请问你有时间吗？

当然可以，你坐下来慢慢说。

# 当众反驳，不留情面

> 在与人交流时，难免会出现观点不一致的情况，这时，我们要学会接纳他人与自己的不同，接纳他人的不同观点。当他人质疑我们的观点时，我们也要保持冷静，不要像炸药一下子被点燃，让沟通进入僵持阶段。

当一个你不熟悉的人非要找你借钱，或者当你的上司非要给你提出一些不符合公司实际的建议时，你要学会委婉地拒绝，话里话外都透露出你并不认可对方的做法，让对方知难而退。在不让自己为难的情况下，维护他人的颜面，最好不要直接说不，以免伤了彼此之间原本良好的关系。

会说话并不等于说好话，会回话也不等于把话回好。掌握一定的回话技巧，有助于提高回话的效率，让言语在人与人的交流中发挥更大的作用。

王叔和王姨要回老家扫墓，他们不顾儿女的劝告，非要在站外坐车。儿子劝道："站外坐车也许没有座位，你们为什么要省那几个钱？"王叔和王姨听了不以为然，坚持说省一点儿是一点儿。闺女见状，也过来劝道："妈妈，您还是去站内坐车吧，不仅可以轻松上车，还可以坐上好位置。而在站外坐车，也许没有座位，到时你颠簸那么长时间，再腰酸背疼，去医院不花钱吗？更何况，我请假带你去医院，我还要被扣工资呢！"听闺女这么一说，王姨当即说："行，我们还是去站内坐车吧。"

儿子之所以没有劝说成功，是因为他没有抓住问题的核心，让爸爸妈妈觉得儿子不知道挣钱的艰难，更不知道省钱。而闺女则是将省钱也许会带来的后果讲出来，让老人家自己意识到不应该在站外坐车。

## 说话要直截了当

在与对方交流时，要想在最短的时间内给对方留下好印象，就要一语中的。不管你要说的事情于对方而言是有利还是有弊，都要简明扼要地将这个好处和坏处告知对方。这样对方在接收到这个信息以后，才能在最短时间内做出决断。所以，这种不拐弯抹角的说服方法是最值得推荐的，在生活和工作中，我们要多多加以运用。下次当你和客户谈判时，先一句表明自己的观点，并说出彼此之间的利害关系，以便更好地说服他人，让回话的效果最佳。

## 得饶人处且饶人

很多人觉得如果我有理，我当然要大声地驳倒对方，甚至让对方下不来台。在言语中也尽可能刻薄，丝毫不给对方留面子。殊不知，你这种斗气斗狠的行为，虽然让你在口头上占了上风，可是会让对方从此以后对你敬而远之。哪怕你的口才再好，哪怕你再占理，也要记住得饶人处且饶人。如果你总是说话不留情面，觉得自己是辩论冠军，那么迟早会让身边的人离你远去，你正常的人际交往也会受到阻碍，更别说拥有好人缘了。

哼，论吵架谁也赢不了我。

虽然你吵架吵赢了，但你输了人缘。

## 学会采取不同的回话方式

俗话说得好："覆水难收。"这就告诉我们在说话前一定要三思，不要因为一时冲动而说了无可挽回的话，否则后悔就来不及了。当两人之间的沟通产生分歧时，要学会采用合适的回话态度和方式，这样才有助于问题的解决。到底是采取开门见山的方式，还是委婉含蓄的方式，则取决于具体的人或事，开门见山的好处是一语中的，不浪费彼此的时间，而委婉含蓄的好处则可让对方有一个心理适应的过程。一种方式不可能永远有效，要学会随机应变。

刘娜是某机关单位的行政文员，她有一个不容忽视的毛病：她的话语过于直接，常常在不经意间刺痛他人的心。每当有人向她征求意见时，她的回答总是直戳对方的痛点，让人难以接受。

有一次，同事穿着一件新衣服来上班，大家纷纷夸赞她的衣服好看。刘娜却直言不讳地说："说实话，你这件衣服虽然款式不错，但不适合你。你太胖了，穿着这件衣服就像给大水桶裹上了一块艳丽的花布。另外，这颜色也让你显得老气横秋，真的不合适。"这番话一出，原本气氛欢快的场面瞬间凝固了，同事的脸色也变得尴尬无比。而周围那些原本赞美衣服的人也感到十分不自在，因为他们都知道，刘娜说的是大家不愿触及的真相。

虽然事后刘娜也会为自己的直言不讳感到后悔，但她似乎总是难以控制自己的话语，总是说出一些让人难以接受的话。久而久之，同事们逐渐疏远她，有什么活动都避着她。

一个真正聪明的人在与人交往时，懂得把握语言的分寸。在人际交往中，我们需要学会尊重他人，用更加温和、委婉的方式表达自己的看法。只有这样，我们才能建立起和谐的人际关系，避免因为一时冲动而伤害到他人。

## 保护对方的自尊心

每个人都有自尊心，因此，当你在向对方说出拒绝的话时，一定要顾及对方的自尊心。当一个人得到他人肯定的评价时，就会表现得特别愉悦，那是因为他们的自尊心得到了满足。因此，当我们与他人交往时，一定要注意维护对方的尊严，尤其是在拒绝他人的时候。唯有如此，对方才会对你投桃报李，也给予你足够的尊重。

# 强迫别人认同你的观点

在回答他人的问话时，我们始终要从人性的角度出发，将对方的感受放在首位，哪怕问题再棘手，我们也不能不管不顾，只冲着问题去，而完全不在乎他人的感受，这样是难以让回话产生好的效果的。多考虑他人的感受，才能更好地回答他人的问话。

回答他人的问话是有技巧的，假如说话不经过大脑，随意说出口，没有将听者的立场考虑进去，很有可能在不知不觉的状态下伤害了对方，进而产生一些"美丽"的误会。因此，回话时要看对象，既看其外表，也看其内在。不能只顾自己说得快活，而不在意听者的感受。

你先试试好不好吃，如果觉得还不错，我再给你个大块的。

哇，谢谢你！

在与人交往时，回话的方式是大有讲究的，如果站在听者的角度，每个人都要给自己的嘴上装一个把门的。即便是口才绝佳的人，也可能因为没有注意听者的感受而得罪了人家。

相比其他营业员，小伟的营业额一直是最高的，有人问他有什么秘密武器，他笑着说："很简单，站在顾客的角度考虑问题就行了。"

一天，店里来了一位顾客，看看这块布料也好，摸摸那块布料也不错，一时拿不定主意。小伟觉得顾客犯了选择困难症，于是主动走上前去说："您刚看的这块布料就不错，只是它在染色上有一定的瑕疵，如果我是您，我会选择另外一块。"他边说边从柜台下抽出另一块布料，并对顾客说："您看起来像是有身份的人，穿这种面料会显得更加大方、得体。而价钱方面，它只是比您刚刚看到的那块布料贵一点儿，您好好考虑一下，是不是买这块更合适一些？"顾客见这位营业员这么热情，既指出了不同布料的优缺点，还帮自己做好了选择，当机立断买下了小伟推荐的那块布料。

## 让说服对象把你当"自己人"

能最快说服对方的方法就是站在对方的立场上，真心为对方考虑，了解对方的需求和感受。人类有一个共性，那就是对于身边亲近的人给出的观点，他总是乐于接受。你可以将这一点运用在说服对象上，当你能够站在说服对象的一边，站在他的角度考虑问题，对方就会将你当作"自己人"，和你的关系不自觉地变得亲近起来，这样，你再说什么，他就更容易接受了。一位知名心理学家曾说过，哪怕销售员告诉你某种产品再好，列举出它一系列优点，可是你依然会犹豫不决，但当你的朋友告诉你某种产品很好时，你则会毫不犹豫地买下。

## 待人真诚一些

没有人不想得到他人的认可和尊重，这是人性使然。而我们要想得到他人的认可和尊重，就必须先满足他人被认可和被尊重的需求。我们要从内心深处认可对方，这样我们才能真正流露出真诚、友善的一面，而不能只是表面上敷衍，做做样子，这样对方是能感觉到的。要问这个世界上什么最打动人心，那必定是真诚。当你靠真诚打开了对方的心门，那你们接下来的交流就会是一路畅通。对方会觉得你是一个值得信赖的人，更愿意和你在更深层次展开沟通和交流。

## 运用以退为进回话术的注意事项

首先要注意的是，先对对方的观点予以认可，当然这只是权宜之计，是表面上的认可，而不是真的从内心深处认可对方的观点。你之所以这样做，是为了借此推导出另一个愈加不真实的结论，从而证实之前的观点是不对的。而先对对方予以认可的好处在于，这会让交谈的气氛变得融洽，让对方放下戒备心，等到他真的意识到你是在嘲讽他时，为时已晚。其次要注意，以退为进中的"退"，只是为了避开对方锋芒毕露的语气，做出退守的姿势，其实是在用和对方说话方式类似的方式进攻。

小林是一家电器公司的推销员，这天他来到一户人家，看到女主人正在洗衣服，他马上上前说道："天哪，您家的洗衣机也太破了吧，该换新的了。我跟您说，旧洗衣机问题太多了，费水费电不说，指不定哪一天就罢工了……"他还在喋喋不休地说个不停，女主人已经毫不客气地把他赶了出去。

第二天，另一位推销员又来到这户人家，他说："我一看这台洗衣机就已经用了很多年了，质量真不错呢！"女主人高兴地说："你说得没错，它来到我们家已经十年了，不过最近我想换一台新的。"推销员反过来劝说道："旧的能用就先用着吧，没必要马上就换。这是我的名片，如果哪天你真的想换了，可以来找我。正好我们店新到了几台节能环保型洗衣机，你到时可以来看看。"很快，他就收到了女主人想换新洗衣机的电话。

## 回话要讲究分寸

"分寸"这个词在什么时候都显得非常重要，回话也是如此。我们要依据不同的场合、不同的对象，不断调整回话的程度和长短。交流的目的是让对方了解某种信息，假如失去了分寸感，对方就会接收到错误的信息，从而带来没必要的误会。所以，我们在说话时不但要注意用词准确，还要注意把握好分寸。否则，可能会给你带来无穷无尽的麻烦。特别是在与人相处的过程中，当你说话有尺、讲话有度时，才能博得对方的好感，收获良好的人际关系。

# 回话时针锋相对、寸步不让

对于沟通，人们往往有这样的误解，觉得沟通就是让对方认可你的观点。当我们和对方的意见不统一时，就恨不能像一个战士一样，使出全身解数来打倒对方。其实，我们完全可以放松一些，和对方在轻松的氛围下取得最大程度的共鸣。

说话时要注意对方的感受，保护对方的自尊心。假如你一时没注意，在言语上伤害了对方，可能会因此遭到他人的报复，社会上很多这样的事例不都是因为一时说话不当造成的吗？这就告诫我们，在说话时要讲究分寸，不可莽撞，更不可逞一时的口舌之快。

你见到我怎么都不打招呼？

你说话一点儿分寸都没有，太伤人了，我不想和你这样的人做朋友。

生活不是辩论赛，不是非要争个你输我赢的，而是为了解决很多现实中的问题。所以，日常交流不同于辩论，我们也没必要像在辩论场上的辩手那么咄咄逼人，要平和一些，本着解决问题的目的去交流。

这天，小简来到房屋中介公司，他看中了一套房，打算和房主就最后的价格达成协议。一见到房主，他便直截了当地表达了自己的诉求："我想问问，您还可以再便宜一点儿吗？"房主一脸为难地说："这已经是最低价格了，说实话，我也是因为买新房缺钱，所以才卖掉这个房子的。"小简说："我也不是有意给您压价，只是我的首付款的确不多，可是我真的非常喜欢您这个房子。原本我是想让你再便宜三万元的，不过既然您这么说了，我愿意退一步，只恳请您再便宜两万元，行吗？"房主虽然一脸不情愿，可看到对方已经做出了让步，也答应能再便宜一万元。后来，又经过几轮商谈，双方又各退一步，小简再涨五千元，房主再让五千元，最终谈成了这笔交易。就是因为小简率先做出了让步，房主感受到他的真诚，才愿意做出让步的。

## 什么样的人才是真正会办事的人

很多不会办事的人，通常会把小事情放大，而把大事情缩小，最后让事情愈来愈糟。而会办事的人，则懂得什么时候该放大事情，什么时候该缩小事情，很多问题到他们手里就迎刃而解了，他们也因此变成了人际交往的高手。当你新进入一家公司时，由于不太了解周围的环境，讲话时就要特别注意分寸，不能口无遮拦。不管说什么，都要先思考一下，这句话说出去合不合适，会不会得罪他人。在不同的场合，面对不同的对象，我们也要注意说话的分寸，不该说的话千万别说。

你事办得不错，不仅说话懂得分寸，尺度也把握得很好。

谢谢您的夸奖，这都是您教得好，我也是跟着您学的。

## 解决问题的不同方法

具体来说，究竟什么样的事情要放大，什么样的事情又要缩小呢？如果我们和他人闹了矛盾，我们就要把这个矛盾缩小，直到最后，让这个矛盾消失于无形，以此消除彼此之间的矛盾和误会，重新拥有和谐的人际关系。相反，假如别人对我们有恩，给我们提供了帮助，我们就要把这个恩情放大，就像那句话所说："滴水之恩，当涌泉相报。"对他人心怀感恩之心，就会更有利于和他人之间产生良性的互动，而人际关系自然也会朝着良性的方向发展。

## 退是为了更好地进

在与人相处时，难免会出现观点不一致的时候，这时我们要保持清醒的头脑，不要在言语上战胜了对方，却让事情的发展背道而驰。这时我们可以做出退让的姿态，让对方放下盔甲，进而为自己赢得掌握主动权的机会。千万不要觉得只有进攻才能让对话朝着你所期望的方向发展。其实很多时候，退是为了更好地进，而进反倒会带来退。无论何时，保持一个好的心态，不被对方的进攻吓退，了解对方咄咄逼人背后的真相，才能在接下来的对话中应对自如。

某公司高层正在为一件事焦头烂额，原因是该公司要进行一场大的人事变动。福尔是这家公司的会计部部长，原本他也是科班出身，在这个岗位上也工作很多年了。可是随着时间的流逝，他越来越无法胜任这一岗位，因为他的兴趣全是电学方面，为此，他还取得了这方面的不少证书，公司里有关电学方面的问题，大家都会来请教他。所以，公司决定重新调派一个人来取代他，而给他一个公司顾问工程师的头衔。

福尔对于这样的人事调动，并没有表现出丝毫的不快，而是高高兴兴地走上了新的工作岗位，谁知道这是不是他梦寐以求的呢？公司高层也非常满意，因为他们在非常和谐的情况下，完成了这一重大的人事调整，还没有给公司造成任何损失。

## 在坚持原则的前提下妥协

不管是说话还是做事，都要注意保全对方的面子。可是总有人情绪一上头就不管不顾了，批评他人时毫不留情，甚至当着众人的面批评他人，这样只会让他人对你敬而远之。假如自己和他人的观点不一致，双方都不相让，只会加剧矛盾和冲突。这时我们要保持清醒的头脑，懂得权衡利弊，先让自己的态度软下来，对方才有可能软下来。当然，不要觉得双方要达成一致，你就要当老好人。其实这时最应该做的就是，双方坦诚交流。在坚持原则的前提下，达成让双方都满意的结果。

没有人比我更了解其中的利弊。

你能不能理智一点儿，有些事情要想清楚其中的利害关系。

# 未语先怯，不好意思回绝

在日常生活中，说"不"的情况太多了，而学会说"不"，则是一门语言的艺术。在回绝他人时态度要明确，不要引起对方的误会。哪怕对方一开始就表现出失落的样子，可是因为你给出了明确的态度，对方也会深受感动，逐渐消除心中的不快。

不管是在工作中，还是生活上，我们总会见到很多老好人，他们从来不会说"不"。不管别人请他们帮什么忙，也不管他们的能力能不能达到，他们都会一口答应下来，最后反倒没有得到对方的感谢，还会招致对方的埋怨，这都是因为老好人不会拒绝他人，从而给自己带来了苦果。

如果别人提出了不合理的请求，我们要学会说"不"。如果明明是自己做不到的事情，你却不明确地说"不"，可能会因此给双方都带来困扰，不仅最后事情没办成，还会让别人不再信任你。

小乐是办公室里公认的老好人，不管谁请她帮忙，她都会满口答应，即便自己有困难，也会排除万难，帮对方解决难题。久而久之，大家不仅不再感谢小乐的帮忙，还会觉得她做什么都是理所应当的。因此，几任男朋友都离她而去，因为她总是在加班，有时约会约到一半，她又被同事临时叫回去加班。

痛定思痛，小乐决定改变自己，再也不当那个凡事都说"是"的应声虫。

这天，快下班了，同事小朱又找到了她，请她帮忙修改一份文件，说自己要赶着去约会。小乐假装很着急的样子对同事说："很不巧，我今天也刚好有事，我得马上回家。"同事见状也不好再说什么了。慢慢地，小乐改变了自己之前一副老好人的形象，掌握了回拒绝话的技巧，这样反而收获了更好的人际关系。

## 不要不好意思说"不"

当有人求助于你时，很多人都会因为不好意思，而难以将"不"字说出口。由此，你收获了不合宜的衣服、不称心的朋友、不快乐的心境。事实上，说"不"并没有那么难，只要你掌握了拒绝的艺术，在拒绝的同时注意维护对方的面子和尊严，同时将自己的难处告诉对方，对方是会体谅你的。如果你因为不好意思的心理作祟，答应了很多你原本不想答应的事情，又或者是你根本办不到的事情，最后惹得自己一身臊不说，还会贻误处理事情的最佳时机。

## 勇敢地拒绝他人

千万不要觉得拒绝别人，你就犯了天大的罪，也不要觉得拒绝了别人，就代表你从此和这个人不来往了。说"不"其实是在综合评估自己的能力以后，给对方的明确答复。说"不"可能会让对方一时生气，可是总好过你答应了对方，最后也无法办到的结局。所以，当你拒绝对方时，不如真诚地说明自己的难处，友好地说"不"，这样做不至于让双方撕破脸。此外，切记在拒绝他人时，不要摆出一张臭脸，让对方觉得你在他面前拿架子，对你产生厌恶之感。

## 表达你内心的真实意愿

在与人打交道的过程中，要打破羞怯心理，真实地表达你内心的想法，坦荡地回应他人的话题。有些人为了赢得他人的欢心，会不停地讲一些奉承话，这样只会让他人觉得你很虚伪，并不会真的对你产生好感。你的真诚与否，对方是能够感觉到的。将对方当作一个普通人，不要被对方外在的表象所迷惑，那些并不是他本身的样子。也许他和你一样羞怯，也许他的心理承受能力比你还差，这样你才能轻松地和他人交流，表达你内心深处最真实的想法。

雪莉是一家影视公司的老板，在业内，她的口碑非常好。这并不是因为她能力多么出众，个人魅力有多大，而是因为不管什么事情，她都会第一时间给出答复，哪怕是拒绝你，她也会委婉地说出自己的理由，然后期待下一次的合作。欧文就曾说，他给多个电影公司的老板送过自己的脚本，请他们给出意见。雪莉总是第一个给他回复的人，而其他人总是不明确表达态度，有的根本不回应你，只会让你傻傻地等。

多年以来，雪莉一直保持着雷厉风行的作风，遇事总是快速做出决断，可能在和你交谈的时候，她就已经想好了答案，并当即告诉你。哪怕她对你的方案并不满意，她也会像朋友一样，悉心地帮你指出不足的地方，不会让你觉得难堪。这也是很多人愿意和她共事的原因所在。

## 该说"不"时就要说"不"

有的人总是害怕说"不"，担心自己的能力遭到他人的否定，担心别人面子上挂不住，觉得只有答应了别人，才能为自己换来良好的人际关系。其实这样做只会给你埋下隐患，当你的能力达不到时，就会引祸上身。所以，我们要学会大胆地说"不"。这样你不但可以把宝贵的精力放在更重要的事情上，也能减少很多麻烦。如果你不是心甘情愿地帮助他人，就请大胆地说"不"。该拒绝时勇敢地拒绝，你才能在处理人际关系方面游刃有余，否则不知道哪一天，你自己埋的雷就爆炸了。

# 质问式回话是沟通的毒药

> 很多人在回话时听起来语气不善，很像质问，采取这种方式或许是为了展示自己的优越性，或者认为自己比对方正确。质问式回话会让他人感到对其能力的质疑，会让对方感到自尊受损，因此并不利于沟通。

在生活中，总有人喜欢用质问的语气来和对方交流，这是最伤害双方感情的一种做法。很多感情失和，都是因为一方喜欢用质问的语气和对方说话造成的。假如你觉得对方的观点不正确，你也可以直接说出你的观点，而不要先质问对方，这样做不但伤了对方感情，还无益于问题的解决。

你到底和谁出去吃饭了？

我说了可以带你一起去，是你自己说不去，结果现在又要质问我。

与人交流，提问是在所难免的，但提问也是要讲究方式方法的，不能信口开河。真正会提问的人，他会针对不同的对象，提出不同的问题。一个好的提问，有利于得到精准的答案。

公交车上，乘客A和乘客B就刚刚看完的一部电影展开了讨论。

A说："这部电影真的是名不虚传哪，太好看了。"

B说："真的有你说的那么好看吗？我看也不咋的。"

A说："怎么不好啦？剧情紧凑不说，在改良社会风气方面，还提供了新思路，让人深受启发。"

B说："哪有什么启发？我是没有任何感觉。"

A说："这不是明摆的吗？它不是告诉我们，有些不良少年之所以走上犯罪的道路，其实背后也有很多隐情的吗？"A的语气也开始显得不耐烦了，因为他发现B总是在质问他。

B说："这也算新思路？你也太孤陋寡闻了吧。"B露出一脸不屑的神情。

A说："算了，话不投机半句多。"A自此缄口不言。两个人之间的交流之所以会出问题，就在于B总是用质问的语气和A交流。

## 提问的技巧

首先，提问要分性别，向男性提出的问题，就应该由男性来回答，反之亦然。其次，提问要了解对方的个性，对于情感不外露的人，就要直截了当地提出问题；而对于活泼外向的人来说，提问就要简单明确，不能泛泛而谈。再次，提问时要了解对方的心理特点，当对方正为家人的病情焦虑时，我们就应该询问对方家人的病情发展到什么程度。最后，提问要找准时机，如果对方这会儿很忙，我们就不要漫无边际地提问；当对方难过时，我们就不要提太生硬的问题。

现实生活中，我们看到很多夫妻不和、同事之间闹别扭，基本上都是因为一方喜欢用质问的语气和对方交流。这样的人大多心胸狭窄，自以为了不起，因此一开口，就全是质问。不管你是想和对方讨论问题，还是想纠正对方的错误，都不要先质问。这样会让交谈一下子变得剑拔弩张起来，被质问的人的情绪已经濒临崩溃的边缘，不管你说什么，他都听不进去，甚至还会恼羞成怒。因此，我们在交谈时一定要保持谦虚、真诚的态度，不要因为一时意气就用质问的语气，将自己凌驾于对方之上，从而让交谈走向死局。

心平气和，不但是做人的基本礼貌，还是一个人有素养、有修养的表现，更是一个人和这个世界和谐相处的能力。试想一下，如果你总是用质问的语气向对方提问，别人只会离你远远的。如果你总是用不友善的态度对待他人，他人也必定会对你横眉冷对。当你用心平气和的态度和他人对话时，他人也必定会还你礼貌谦虚的话语，双方的交流也会变得更加顺畅。在交谈中，你的真诚、尊重、信任、谦逊，对方一定会感受到的。否则你为了逞一时口舌之快，说出质问的话，只会伤人伤己。